冲出危局的**清醒者**

曹操

韩昇 著

中华书局

图书在版编目(CIP)数据

曹操:冲出危局的清醒者/韩昇著. —北京:中华书局,
2023. 11(2025. 5 重印)
ISBN 978-7-101-16310-0

Ⅰ.曹… Ⅱ.韩… Ⅲ.曹操(155~220)-传记
Ⅳ. K827＝342

中国国家版本馆 CIP 数据核字(2023)第 149074 号

书　　名	曹操:冲出危局的清醒者
著　　者	韩　昇
责任编辑	董洪波
封面设计	王铭基
责任印制	陈丽娜
出版发行	中华书局
	(北京市丰台区太平桥西里38号　100073)
	http://www.zhbc.com.cn
	E-mail:zhbc@zhbc.com.cn
印　　刷	天津裕同印刷有限公司
版　　次	2023 年 11 月第 1 版
	2025 年 5 月第 3 次印刷
规　　格	开本/880×1230 毫米　1/32
	印张 6⅜　插页 3　字数 120 千字
印　　数	11001-15000 册
国际书号	ISBN 978-7-101-16310-0
定　　价	58.00 元

　　韩昇　复旦大学历史系教授、博士生导师，现代人类学教育部重点实验室学术委员，中国魏晋南北朝史学会副会长。日本东京大学东洋文化研究所、京都大学文学研究科、明治大学文学部、关西大学等大学教授、研究员，高野山大学特聘教授。出版《从封建到大一统——〈史记〉中的历史中国》《隋文帝传》《日本古代的大陆移民研究》《东亚世界形成史论》《海东集——古代东亚史实考论》《盛唐的背影》《苍茫隋唐路》《正仓院》《盛唐格局——唐太宗的国家治理》等著作十余部。讲述中国传统家训与教育的专著《良训传家——中华文化的根基与传承》，荣获文津图书奖。翻译了号称日本汉学研究巅峰之作的《九品官人法研究——科举前史》，出版译著十余部。发表学术研究论文一百多篇。

目录

开篇的话：如何读史

　　三国是一个动乱的年代，沧海横流方显英雄本色。挑选三国这么一个动乱的时代，可以看到各类英雄如何脱颖而出，殚精竭虑，建功立业，力图开辟出一片崭新天地的。他们虽然早已远逝，却给了我们很多启示，让我们得以明白很多人情事理，避开隐藏的陷阱，少走弯路。如果说后人更加聪明，那并不是说后人的智商高于前人，而是因为前人留下的经验教训足够丰富。如果后人再犯同样的错误，那是因为疏于学习，没有从前人的失败中汲取教训。前人所思所为即为历史，学习历史能够让我们超越自己，站得更高，把问题看得更加清楚。善于学习历史的人遇事冷静、分析问题客观周详，也就是人们常说的"清醒"。处理日常事务的冷静，得益于性格；面对重大决策的清醒，只能源自学习。把问题看得越透，人便越发清醒。"清醒"是可以学来的。

这些年来，学习历史的人急剧增加，工作阅历越多、承担社会职责越重的人，越重视阅读历史。这是为什么呢？

因为历史是我们理解整个人类及其文明的基础，也是我们从事社会工作最重要的依据。每个人都不可能在自我设定的条件下工作，而是在他者设定的场域内活动。这个场域就是我们每天所处的时代环境，它由过去所规定，并同我们现在所开展的活动结合起来规定着未来。所以，我们在进行工作之前，首先必须理解自身所处的时代，理解构成今日的文明基础，才能做好工作，身心自在。

作为中国人，首先须要理解中国的历史文化。构成中国历史文化根基的早期经典，是孔子所整理的《诗》《书》《礼》《乐》《周易》《春秋》，其中《乐》这一部已经散失了，所以仅存《诗》《书》《礼》《周易》《春秋》传世。这五部经典里，《春秋》是唯一的史籍，表明孔子对中国文化的理解建立在历史基础之上。

历史是人类的集体记忆，不是某一个体的论述。当事情发生的时候，每个人从不同的角度进行观察，或者置身其中，留下记述，经过综合整理，得出集体的认知与记载，代代相传，遂成为集体的共同记忆，一直影响着后来者的认识与行动。把孤立的历史事件贯穿起来，便构成了认识的理路与行动的轨迹。发现其中的规律与特点、情感与愿望、艺术与信仰，便诞生了诗书礼乐的各种经典。显而易见，历史是人类认识外部世界与自我内在世界的基本素材和平台，脱离历史的思考片面而偏执，对历史的洞察则可以上升为悟性，把对于事物的根本性认识转化为世界观。生活在不同历史环境中的人群会有不同的世界观，例如远古的华夏族群归纳出循环往复的易理观念，用以解释天地人的互动运行，自成体系。这是人类认识世界的过程，同样也是我们建构认识与知识体系的路径。

历史构成了人类认识世界的基础，亦即通过既往来认识现在，展望未来。故而，历史不是过去的学问，而是面向未来的积极探索。任何的事物都有其运行的轨迹，对此有充分的了解，便能循其轨迹判断今后的走向。所以，对未来的预测并非凭空而来，它立足于历史，亦即根据过去的运行轨迹而推演出今后的发展方向与基本轨道。个人如此，民族与国家亦是如此。基于历史所作出的推演不会有太大的偏差，具有相当的可靠性。表面上看，历史学家在还原古代的场景和真相，其实他们的内心却关怀着现在。这是历史学与考古学的根本区别。考古学要求完美地再现过去，历史学则必须启示未来，以至于有人称历史学为未来学。

历史是活着的人为活着的人写的启示。历史之所以能够启人至深，关键在于还原的过去真实且客观，尽可能让曲折隐藏的内情细节纤毫毕露，让人们看清楚事件的前因后果，总结得失成败的经验教训。如果事件的过程不真实，甚至是虚假的，必将造成误导，形成偏见，以至于自欺欺人。所以，研究历史和为人处世一样，必须兼听则明，不带先入为主的偏见，冷静地听取各方的论述，理出真相的头绪，走进真实的过往世界去追求真知。历史让人清醒，读史使人冷静而胸襟开阔。

人们理解历史的重大阻碍是强烈的主观感情和先入为主的价值判断。每个人都有自己的立场和感情，无法做到完全的中立。然而，正确的态度应该是先把这些搁置起来，尽可能全方位地获取信息，多角度观察，然后形成独立的判断。如果从一开始就对历史人物或事件带有执着的个人感情与价值判断，先设定哪个是好人，哪个是坏人，哪件事是对的，哪件事是错的，然后再去阅读历史，结果就不是历史引导我们去冷静思考，而是我们的情感扭曲历史来进行虚构。这或许能够得到感情的宣泄和满足，然而，这种先导性的设定属于价值判断，本质上不属于历史学。这种读史方法只会进一步强化既有的判断，令人变得更加偏激，而不会提高思辨能力，让人变得客观冷静。与其说是启发心智的读史，不如说是自我封闭的固化。实际上，价值判断是每个人通过对历史的理解所形成的，既不需要请教任何人，也不需要让人强加在我们自己头上。价值判定必须在了解真相后得出，而不能倒置。

阅读历史的时候，先要能超然事外，又要能置身其中。明朝杨慎写的一首词《临江仙》，道出了读史所应秉持的态度：

滚滚长江东逝水，浪花淘尽英雄。是非成败转头空。青山依旧在,几度夕阳红。

白发渔樵江渚上,惯看秋月春风。一壶浊酒喜相逢。古今多少事,都付笑谈中。

这首词讲透了一个道理:人的价值判断具有时代的强烈烙印和局限性,有不少事情在当时当地被视为极其重要,为此不惜大动干戈,决一胜负。然而,时过境迁,回首往事,往往让人感到小题大作,毫无意义。凡人如此,历史上的大人物不也如此吗?人类的情感起伏变迁,但无法改变天地运行的法则。世界不以人的意志为转移。历史上的人和事消失如烟,唯有自然亘古不变,青山依旧,红日经天。明乎此,读史的时候自然会超然物外,冷静观察,不被情感所左右。看得越全面,越细致,事情的真相就越会显露出来,洞彻其里。而且,有许多是非曲直属于当事之人,与今日未必有直接的联系,或许依然能提供借鉴启发的意义。所以,后世读史的人应该超越事件本身去看透它,又要超脱情感去理解它,让历史在清醒的"笑谈"中给人以最深刻的启示。

虽然说读史要超然物外,但还要能够置身其中,与历史同在。也就是说,在清醒分析各种要素所构成的客观现实的基础上,还必须学会换位思考,站在当事人的立场上去理解,去分析,去决断,感同身受。虽说历史是无情的,但是,无情的历史却是有情的人谱写的。设身处地,想想自己会如何处理,再看看历史人物是怎样应对的,这样可以提高悟性,贴近历史。

走得进，出得来，既不成为"粉丝"，也不雾里看花，保持清醒的理解，到此境界，便能感受到历史就在眼前，豁然贯通，"一壶浊酒喜相逢，古今多少事，都付笑谈中"。

阅读历史，每个人读出来的味道颇不一样，感悟也大相径庭。其中的重要原因，首先是每个人的阅历不同。读书要靠学养、心智和阅历，读史更是如此。因为面对的是几千年来作出大事业的历史人物，如果不能尽量接近他们的高度，便很难理解他们。其次，诚如古人所言，"读万卷书，行万里路"。有很多事情必须身临其境方能明白。司马迁弱冠未久，父亲让他走遍了汉朝最重要的地区，从南到北，翻山越岭，访问乡贤，询察风俗。这次漫长的旅途，使他懂得了中国的山川地理与区域格局，了解到各地风俗的差异，成为他以后深刻理解中国历史文化的重要基础，促使他写下了千古名篇《货殖列传》。没有现场的感觉，很多事情将流为泛泛空谈；不了解九州的地理民情，就没有资格言说中国。

用脚走访，用眼观察，用心感悟，这是读史必须具备的三要素。如果再有洞彻事理的名师指点，将犹如航船遇上东风，登山找到捷径，事半功倍。唐朝的韩愈在名篇《师说》中称："古之学者必有师。师者，所以传道受业解惑也。"学问不仅仅是一般性的论述，平铺直叙，直线推进，而是在关键点上须要有突破性的跃升，否则就会留置于原地，无法登堂入室。历史似乎人人都能看懂，但其实只看到皮毛还是看透内里是完全不同的。当年刘邦战胜项羽而选择都城的时候，曾经援引东周建都于洛阳的史事，准备定都于此。然而，张良劝阻了刘邦，告诉他不能只看表面现象，至关重要的是周朝夺取天下及其采取的措施，是凝聚人心，团结各方；刘邦与项羽的战争却是血流成河，遍地哀怨。所以，周人可以选择难以据守的洛阳，汉朝却不能不选择山河险要的关中。刘邦和张良都在谈论历史，观点大相径庭，采取行动的结果也会迥然不同。项羽错误地选择以彭城为都，无疑是导致失败的重要原因之一。由此可知，历史看似易读，却因为内在的道理非常深刻而难以掌握，绝非仁者见仁、智者见智那么简单。张良可谓是刘邦事业上的良师，他鞭辟入里的历史分析，令人有醍醐灌顶之感，真可谓"听君一席话，胜读十年书"。

历史给人无穷的回味和启发。中国几千年的历史，无比厚重，丰富多彩，无论翻开哪一个篇章都让人获益良多，掬水月在手。本书选取三国曹操指挥的强弱悬殊的两场战役，一场是强敌加诸他的官渡之战，一场是他主动发起的赤壁之战，通过他对战争进程的控制，反映出他在不同阶段对于敌我态势的准确把握，更重要的是对敌人和自己的深刻认识。官渡之战是以弱胜强，赤壁之战则是纠错止损；前者是基于对敌人心理的正确把握，后者则是骄傲自大时的猛然醒悟。料敌如神与自省纠错，都因清醒而来。

在各种情况下都保持清醒，何其重要，却也何其不易。要求一个人时时处处都十分清醒，恐怕做不到。但是，遇事冷静，知己知彼，可以通过学习和实践逐步锤炼而成。曹操在力量弱小的时候十分冷静，却在大胜之后骄傲恣肆。不过，这个转变十分自然，毕竟他是感情奔放之人，如果一点感情冲动都没有，他也不可能成为充满个性的领袖。有感情、会犯错的曹操，在骄狂之中回归冷静，这个真实的过程才会给人以真正的教益。

历史教给后人的东西实在太多了，慧水一掬，先从曹操的事例来一起品味人间清醒吧。

一　少年老成

放荡少年

了解一个人，应该从他的少年时代开始。现代心理学显示，家庭环境对于个人的成长非常重要。尤其青少年时期，正是性格养成的阶段，处在什么样的空间、环境，有什么样的境遇等，都会对以后的性格产生无法磨灭的影响。

曹操是宦官家庭出身的社会变革家，然而，他在很长的历史时期里一直以负面的形象出现，被称作奸臣。网上随便搜几张曹操的京剧脸谱，都是大白脸。这是为什么呢？其实这种形象同他一生的业绩并不相符。为了回答这个问题，有必要好好了解一下他的身世。

曹操出生的家庭，在东汉王朝的政治地位相当高。他的祖父名叫曹腾，在皇宫内当宦官，颇得信赖和重用，一路提升，先后担任中常侍、大长秋，甚至还被封为费亭侯。一个宦官能够封侯,可是不得了的事情。说起宦官,人们很自然地心生鄙夷,但在东汉那个时代并不尽然,这个问题我们留到后面讨论。

更先遇到的疑问是,曾经一段时期掌握东汉朝廷大权的宦官曹腾怎么会有儿子? 而曹操怎么会是他的亲孙子?

宦官也被叫作阉竖,当然生不了儿子。那么问题来了,曹操的父亲,也就是曹腾的儿子曹嵩是从哪里冒出来的呢? 当时吴国有人写了一本《曹瞒传》来骂曹操,说他其实不姓曹,而是姓夏侯。陈琳在讨伐曹操的檄文中,称曹嵩是曹腾从路边捡回来的孩子,不是曹家的人。①这些说法流传很广,以至于后人一提起曹操,大多认为他姓夏侯,众口铄金,几乎成为非正式的结论。可是,如果稍加留意,不难发现这些都是有意的抹黑。三国分裂,南北敌对,吴国人写关于曹操的书,光从书名《曹瞒传》就能看出不像是严肃的记载,不用曹操正式名字,特地使用他的小名,明显带有嘲讽鄙夷的味道。至于陈琳讨曹檄文中的说法,更没有多少可信性。这两种说法异曲同工,不管是姓夏侯,还是路边捡来的孩子,无非在说曹操是个野种罢了。只是编排得高明,骂人不吐脏字,显得自己十分高雅。对于不实的传言,听者应该查验一下证据,免得成为谣言制造者的传声筒。遗憾的是,千百年来,人们更愿意停留在市井传说的世界里,附上自己的想象和推断,添油加醋,津津乐道,满足文学猎奇的心理。就三国时代而言,在社会上影响最大的并不是正史的记载,而是《三国演义》的小说之言。那么，曹操到底姓曹还是姓夏侯，他同曹腾是否为直系亲属呢？

正史记载抵不过文学叙述，一个非常重要的原因是正史缺乏无可置疑的证据。2010 年伊始，网络上出现了质疑河南安阳新发掘的大墓为曹操墓的舆论风暴，参加讨论的人数之多，气氛之热烈，都是空前的，各种关于曹操身世业绩乃至评价的观点全都涌上台面。一件考古发掘引起如此广泛的争议，表明人们对于历史的高度关心，这对于考古和历史研究无疑都是巨大的推动力。人们广泛质疑的焦点在于，墓主人是否就是曹操，何以证明？一千多年前遗留下来的问题重新浮现出来，无法回避。只要不能给予科学的结论，这个问题还将反复引燃。这次争议可谓适逢其时，直到几十年前都无法回答的问题，到 21 世纪已经具备了彻底解决的条件。随着分子生物学的进展，已经可以运用对遗骸提取 DNA 并加以比对验证的技术。然而，就国际学术界当时的情况而言，使用 DNA 做研究的基本是史前时代而非历史时期，原因在于生物基因所作的年代测定误差较大，对于几万年前的研究尚可接受，对于仅有几千年的历史时期则价值锐减，甚至失去意义。所以，利用 DNA 技术寻找曹操家族的基因类型，仍是巨大的科学挑战。

2010 年 1 月，我们提出用 DNA 的手段来验证南阳大墓是否为曹操墓的建议，引起巨大的社会反响，每天有数以百万、千万计的关注者在网上发表意见，促使我们下定决心启动寻找曹操家族基因的研究项目。根据历史遗留的问题和当代的各种疑问，我们最初设想提取大墓中三具男女尸骸的基因，同我们所拥有的最大的东亚人群基因库作比对，确定男性尸骸是否为曹操。但是，这个简捷的研究路径很快被堵死了。因为我们希望从尸骨提取基因的要求被拒绝了，只能另辟蹊径，根据当代曹姓的人口统计数据，调查曹姓在全国的分布情况，通过曹氏族谱同历史记载相印证考索源流，勾勒出曹姓在全国的集中分布图，确定基因采样点，从现代曹姓人群中随机采集基因，解码分析，比对验证，用文理跨学科的方法找出曹操家族基因类型。这个计划不仅大胆，还相当激进。这是第一次通过现代人群自身去追溯祖先的尝试，如果成功就意味着开辟出一条新的研究路径。

当时有许多曹姓人氏支持我们，主动报名查验基因，献出家谱，更多人向我们提供各种线索。一项科学研究得到全国如此众多的群众支持，热情超乎了预期。当然，也有不少人怀疑我们的想法，或是认为曹操肯定出自夏侯氏；或是认为司马懿篡魏时对曹氏进行了大屠杀；还有不少自称是曹氏改姓的族群浮现出来。总之问题变得十分复杂。我们把这些问题全部列入研究的范围，逐一调查。2010年的春天和夏天，多个小组在全国各地采集基因，到当年年底我们发现了六对基因组的Y染色体属于互不相干的同源家族，全都与亳州曹氏相符。生物统计学计算出来的可靠性为92%—93%之间，基因类型是O2F1462（O2M268）。

此后我们又到安徽亳州曹氏宗族墓群找到了当年出土时发掘出来的曹鼎（曹操的堂伯叔）的前臼齿，提取了基因，同前面作出来的结果完全吻合。至此曹操家族的基因类型完全确定下来了，我们在国内第一次建立了历史时期的家族基因样本，打通了从现代人身上提取基因追溯远祖的科学道路。

根据基因提供的证据，我们现在可以确定曹嵩并不是曹腾路边捡回来的孩子，也不属于夏侯家。在对曹氏进行基因调查中，我们还确定曹操家族并非出自西汉宰相曹参的家族。这三个基因证据彻底解决了正史中被视为疑团的问题，同时又推翻了成为通说的历史记载。

整理过的 DNA 证据表明曹嵩就是曹家的孩子。正如我在启动基因调查之前提出的推断，曹腾从其曹氏家族的兄弟中过继子嗣，血缘一脉相承。如此则解决了曹操——曹嵩——曹腾之间的血缘关系问题，亦即他们属于孙子——父亲——爷爷的血亲关系。困扰人们一千多年的历史疑团解开了，然而新的重大问题却被揭露出来，那就是曹腾并非曹参的后人。

关于曹腾的出身，《三国志》明确记载为曹参后人。曹参是和刘邦一道起兵的西汉开国元勋，建国后位居宰辅，与皇族刘氏世代通婚，家门显赫，经久不衰。刘邦这个人还是很讲义气的，当年和他共同举兵反秦的老乡，诸如曹参曹家，夏侯婴夏侯家，萧何萧家等，在西汉建立后都成为权贵之门，

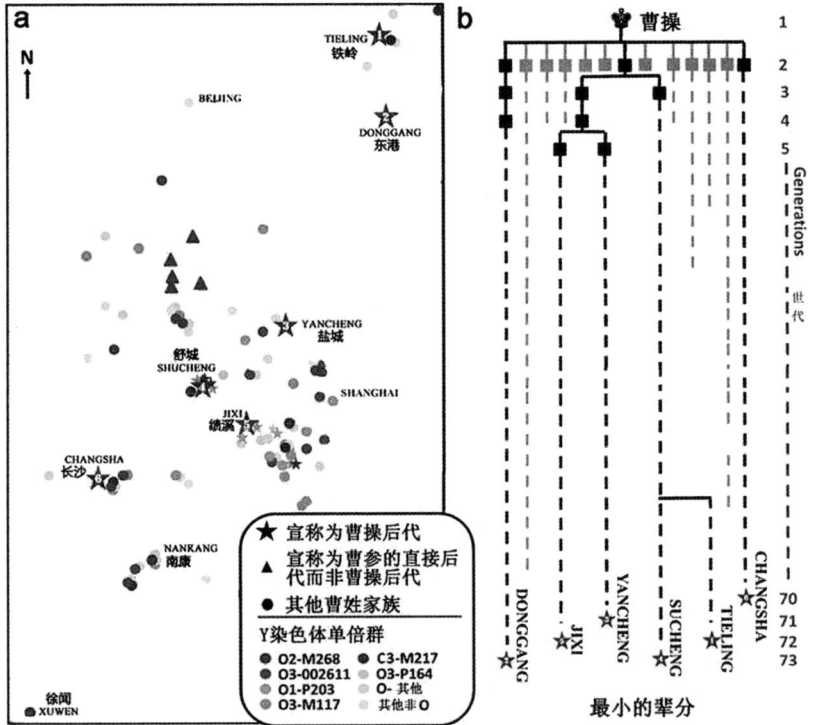

图 1　基因所示曹氏家族分布图(王传超等,2012)

相互间儿女通婚,以至于传出曹操出自夏侯家的说法,这表明他们之间的关系何等亲密。到安徽亳州曹家所在地调查,密布的几十座曹氏大墓无声地诉说着这个家族在乡势力的庞大和数百年根深蒂固的荣耀,显示了刘邦的沛县功勋集团的繁盛与稳固。20世纪70年代,曹氏宗族大墓遭到损毁,考古队紧急进行了保护性发掘,挖开7座墓,出土墓碑、墓志、遗骸、随葬品等大批珍贵文物,所展现出来的宗族势力远超正史记载,让人们可以对汉代权贵家族的在乡形态有比较鲜活的了解。

这样一个强宗大族必定大有来头。《三国志》说曹腾出自曹参后裔似乎非常合理,与考古发现可以相互印证。可是,如此高贵的权贵家族为什么会出宦官呢?多少让人感到难以理解。虽然都姓曹,基因采集验证的结果显示,曹参家族的基因属于O3类型,亦即有代表性的汉族基因类型,而曹腾家族O2基因类型则来自古代所谓的"夷蛮",截然不同。显而易见,曹腾家族是后来混入曹参家族里的,因为曹腾在官场上的飞黄腾达,竟至鸠占鹊巢,不但冒充曹参家族,而且成为曹氏的代表,让严谨的历史学家陈寿深信不疑,在撰写《三国志》的时候采纳其说,编入信史,得到公认。基因验证揭露了这段不为人知的事实。

这段伪冒的过程并非没有留下蛛丝马迹。曹操在自述家世的时候,称自家来自邾国曹氏,应该比较真实。到了魏明帝时,改口称曹氏出自西周曹叔振铎,同曹参家族的族源一致，明显是在消弭两者之间的抵牾。由此看来曹操对于自家的出身多少有些了解，而且相当在意。这是因为家庭出身带给他特权阶层的享受与自高自大，同时也给他镂上阴影，让他感到羞辱，这一切都因祖父曹腾而来。

如前所述，曹腾是大宦官，官至大长秋，亦即皇后宫官头领。他权力之盛是因为东汉这样一个特殊的朝代，从第三代皇帝开始直至灭亡，皇帝都短命，年纪轻轻就死掉，皇嗣年幼登基，无法掌控朝廷、处理政务，因此只能依靠辅佐大臣。为了皇位不被篡夺，辅弼便由外戚担任，舅舅最为常见。等到皇帝长大要亲政的时候，辅臣执政已久，恋栈不去，皇帝便借助宦官发动政变夺权。东汉政权就在外戚和宦官轮流执政的内斗圈子里恶性循环，政治不稳定，国家衰落，边患因之迭起，内外交困，直到董卓进京，东汉完全失控，名存实亡。在外戚当政的时候，大内实际掌权的是皇后，所以身为皇后宫内大总管的大长秋可谓一人之下、万人之上的人物。曹腾身居此位，给曹家带来了巨大的权势。曹操出生在这样一个权势家族，从小享受着豪门的特权和光耀，俯视众生，唯我独尊。日后曹操说出"宁我负人，毋人负我"，不足以惊诧，这就是特权子弟的内心真实想法。

另一方面，曹操又是很想有所作为的人。他从小看惯了官场内里的龌龊，也学会了行政的手腕，精明强干，看到东汉上层官僚颠顶愚钝，基层胥吏如狼似虎，他知道大厦将倾，很想奋起支撑，施猛药救治，内心燃烧着务实的理想。然而，东汉已经病入膏肓,统治者的高压暴政导致社会各个集团乃至阶层无法沟通,亦即政治上最可怕的社会断裂。社会断裂的一个症状就是人们的价值和是非尺度单一而绝对,例如仇富、仇官,认为凡富必坏,凡官必恶。特别是掌权的宦官更是十恶不赦的跋扈贱类,被称之为阉竖,欲尽诛除。后来袁绍不顾一切地彻底清杀宦官就是绝对化政治形态下的行动,完全没有想到此举的后果是他想要挽救的皇权也随之坍塌,从此天下大乱。身处东汉末世,曹操的情怀不被理解,他的家世反而遭到社会的鄙夷,以致有种种嘲讽,诸如姓夏侯、乞丐携养,不一而足,总之被说成是个丑类野种。这使得曹操对于家世怀抱羞耻与愤懑。

在这种环境下成长起来的曹操,性格充满矛盾,激情与冷静,自大与自卑,奔放与多疑,放荡与机警,雄图与务实,对冲的性格杂糅于一身,精于术却昧于道,勇于决断却没有远见,服膺法家,属于典型的乱世枭雄类型。这种强势人物在乱世容易建功立业,获得一定程度的成功,但到了和平发展时代则因为缺乏专业知识和长远眼光,加之个人擅权而阻碍制度和规则的建立,容易把国家导向衰败。曹魏政权的兴衰是一个很好的例证。从这个高度去看曹操,唐太宗表达了对他的轻视,说他"一将之智有余,万乘之才不足"。

曹操小名阿瞒,所以吴国人写了《曹瞒传》来贬损他。其实曹操小时候很聪明,机警敏捷,讲义气,也很淘气,不务正业。和其他顽皮孩子的不同之处,是他善于察言观色,把握别人的心理，用脑子算计，甚至连大人都会落入他设计的圈套。他平日里"飞鹰走狗，游荡无度"，叔叔看不下去，遇到了总要管教几句，还向他父亲告状。于是曹操心生一计，等某天叔叔出来的时候，他突然倒地不起，口吐白沫。叔叔见状大惊，赶快跑去告诉他父亲。父亲连忙奔过来，却见曹操生龙活虎玩得正欢，问他刚才发生了什么事情，怎么叔叔说他中风倒地？曹操说道："我好好的，一点事情都没有。叔叔平时讨厌我，所以总是瞎说我的不是。"眼见为实，从此曹操的父亲不再相信叔叔的告状，曹操大获胜利，再也没人管束他了。这类事情实在太多了，长大后曹操驰骋政坛，翻云覆雨，难怪世人都说曹操奸诈，诡计多端。过滤掉负面的感情因素，可以说曹操这个人豪放却不鲁莽，遇事冷静，善于思考。

注释：

① 分别见陈寿撰，裴松之注：《三国志》卷一《魏书一·武帝纪第一》、卷六《魏书六·董二袁刘传第六》，中华书局，1982 年，第 2、197 页注。参见韩昇：《曹魏皇室世系考述》，《复旦学报》2010 年 3 期。

踏入乱世

在官宦家庭长大的曹操,人生道路早已决定了,那就是踏上仕途,努力升迁,光宗耀祖。这本来是运行数百年的权贵子弟人生轨道,可是,到曹操要出道的时候已经发生了很大的变化。乌云密布,山雨欲来,眼见着像往日那样平安顺畅是不可能了。

长年的外戚、宦官轮番争夺权力,把官场搞得乌烟瘴气。谁上台都长不了,因此像赶死一样拼命搜刮,以权谋私,腐败成风。如果只是一班人稳稳地腐败,或许还会注意贪腐的节奏,留鸡下蛋。现实是水火不容的两班人马争抢通吃的权利,谁都顾不上明天的事情,因此搜刮格外疯狂。在农业社会,最大的财富是土地,所以土地首先成为权贵们的目标,而依靠权力的强占不需要本钱,所以他们可以肆意铺张,把掠夺来的土地大面积用于兴建园林别墅，把劳动者抛弃出去，流浪于各地。民生一片哀嚎。谁都知道，没有经济繁荣就没有政治稳定的基础，失业大军必定会引爆社会动乱，明眼人已经看到东汉王朝处于山雨欲来风满楼的境地。

最先觉醒的是受到儒学教育成长起来的清流官员和太学生群体，他们最先在京城抨击腐败，提出种种肃贪救国的方案，相互激荡，蔚然成风。地方清流也起来响应，点评官员，将他们分成清流与浊官，分别做成排行榜，激浊扬清，酿成声势浩大的社会舆论，力图逼迫朝廷正视问题，进行彻底的变革。然而，出乎清流士人意外的是，朝廷视清流如洪水猛兽，非但不采纳有利于国家和社会的变革举措，反而对清流士人进行全国性的持续镇压，流血屠戮，爆发了东汉瓦解的标志性事件："党锢之祸。"当政者就是造成眼前局面的最大责任人，怎么会限制自己的贪婪？他们根本不想解决问题，而是去掩盖问题，以为没有人提出问题、揭开锅盖，就不存在问题了。这种自欺欺人的思路在古代王朝统治者中经常占据主流，所以古代王朝就像压力锅，上面拼命捂着，里面压力不断升高，社会矛盾在镇压中激化，最终导致爆炸。

曹操对严酷的局势有所认识。作为刚刚踏入仕途的年轻官员，想法比较简单，以为重手反腐、整肃吏治就可以挽救时局。曹操为人敢作敢为，雷厉风行，不顾自己人微言轻，敢于上书皇帝，为清流官员鸣冤叫屈，公开支持以垂老之躯拼死与宦官禁军抗争的陈蕃，希望能够唤醒昏庸的皇帝。20

岁这一年,曹操举孝廉入仕,担任洛阳北部尉,也就是维持社会治安和秩序的基层官员。他一上任,立刻在衙门前摆出五色大棒,宣称要严惩所有的不法行为。要知道敢于无视官衙、为非作歹的人,靠山很硬,对于曹操的行为嗤之以鼻,视同笑话。

有人就是要挑战曹操,给他个下马威。这人是大宦官蹇硕的叔父,不信曹操真敢惩办他,故意违抗。曹操真不是官场常见的虚张声势,他明知对方是蹇硕的叔父,照抓不误,祭出五色棒,一顿乱打。养尊处优的富豪哪里经得起打,几下子就一命呜呼了。这件事远近轰动,大家都知道曹操的厉害了,竟然敢在太岁头上动土,谁也不敢再去惹他,豪强重足屏息。曹操治理有方,升任顿丘令。

不久,时局发生重大变化,爆发了黄巾军起义。说到底还是掌权的宦官惹出来的民变。前面说过,宦官对抨击腐败朝政的士人进行严厉的镇压,同时憎恨舆论对他们种种劣迹的传播,严禁言论,钳制口舌,国人道路以目。事物从来都是相互依存且又相互竞争的,犹如阴阳两道,此消彼长。真实的声音被封禁之后,一定有别的声音传扬出来,那就是平日被正气压制的邪说异教,其宣扬者往往是别有用心之人,利用贫富不均的民众怨气,吸引并组织他们。东汉末年利用宗教鼓动民众的代表人物就是张角、张宝和张梁三兄弟,他们创立"太平道",描绘没有剥削压迫的太平世界,用咒语符水给百姓治病,获得底层民众的广泛拥戴,吸收了大量信徒,暗中用军队形式将他们组织成 36 方,宣称:"苍天已死,黄天当立,岁在甲子,天下大吉。"其部众以黄巾为标帜,人称"黄巾军"。中平元年(184 年)正是甲子年,张角起事,声势浩大,打得东汉王朝狼狈不堪。

黄巾军大部分是农民和流民,被压迫得走投无路,求救无门,所以作战特别勇猛。官军腐败到了根子上,可以摆门面欺压百姓,一旦遇到拼命的对手,马上露出原形,抱头鼠窜。朝廷只好放权给地方,调动各地起来镇压,这就给了真正的豪杰崛起的机会,曹操、孙权、刘备都在这个形势下脱颖而出。社会变动是波浪式推进的,黄巾军的领袖只想利用民众夺取皇位,没有社会变革的构想,最终失败几乎是注定的。但是,其猛烈的冲击把东汉王朝的城堡撞出一道道罅裂,让长期被禁锢的人物和机会得以破墙而出,形成第二波次,甚至第三波次……至于最后鹿死谁手,出现什么结局,无法简单预测,必定是社会问题与各股势力相互作用的结果,犹如洪水决堤而出,分叉奔涌,最终流向何方,将由复杂的地形地势决定。黄巾军的冲击引起朝廷放权给地方,唤起英雄辈出的局面,呈现的正是这种景象。

此时的曹操正在中原颍川(今河南许昌),被任命为骑都尉,率兵讨伐黄巾军,立功升迁,任济南相。在大变局中,曹操是清醒的,他知道迫使民众起来造反的原因是官场腐败,不加以整治,光靠镇压是解决不了问题的。所以,他上任后仍然像以前那样,重手整治腐败,罢免了一批勾结权贵、横行地方的官吏,把贪腐重灾区整顿得贪官污吏纷纷逃离。曹操被调任东郡(今河南濮阳)太守。这一任命仿佛是升迁,但曹操很明白,他得罪的是当朝权贵,虽然靠自己的官宦门第荫蔽,权臣还给他面子,不像没有官场靠山的基层官吏一反腐就栽跟斗。然而,靠一个人去对抗一整个腐败透顶的官场,他输定了,接下来肯定没有好果子吃。所以,他干脆辞官归乡。曹操从一个充满理想的青年变得越发成熟,越来越用心观察思考。在事不可为的时候,退居一旁冷静观察,看清乱象,思考出路,不失为乱世良策。

曹操人是回到家乡了,这些年反腐败赢得的名声让他颇为出名。朝廷政治更加败坏,高层出现了要求肃清朝政的动向,谋划从穷凶极恶的阉竖手里夺回权力,还政朝廷。正好遇到汉灵帝驾崩的机会,太后临朝,打算重用自家人大将军何进。何进认为不除去掌握实权的宦官,谁当政都是花瓶。何进找来青年俊杰袁绍,密谋一举铲除宦官,为此召西北军统帅董卓带兵入朝,准备动手。何进根本没有认识到宦官虽然有时权势熏天,威胁到皇权,可那仅仅是奴大欺主。宦官是皇权上的寄生物,和皇帝才是真正的同伙,宦官要是被清除了,皇权立即不保。东汉乃至唐朝、明朝这些宦官权倾当世的王朝,宦官去则王朝亡,屡试不爽。何太后是否有那么深刻的认识颇可怀疑,但她直觉不能根除宦官,按下不批准。这种生死搏斗的大事哪有不透露风声的,宦官长期伺候人主,察言观色,窃听密告,早就看出苗头,趁着太后犹豫之时,抢先动手，把何进诳入宫中杀掉。袁绍立即率部冲入宫内尽诛宦官。事态发展到这一步，皇帝已经成为空头司令，失去权力了。董卓进入京城，直接把皇帝给废了，另立献帝。献帝完全是个傀儡，东汉王朝名存实亡，仅靠董卓的军力维持存在的表象。再到董卓被暗杀，最后一层表皮被戳破，东汉彻底失控，军阀纷起，天下大乱，只待强人出现取而代之。董卓是东汉最后一个尚能维持一统的人物，他的死标志着东汉王朝的实际结束。回过头来看，东汉桓帝拒绝反腐、镇压清流、钳制舆论，放弃了最后的转机，引爆社会矛盾，导致统治集团分裂内讧，从此局势江河日下，无可挽回。

曹操对于眼花缭乱的变故看得很清楚，心中有数，不曾迷失。对于政治人物来说，在重大关头棋错一步，很可能从此滑入深渊，一蹶不振。曹操准确把握形势的诀窍是对人物的洞察，据以决定自己的走向。例如董卓权倾一时之际，曾笼络曹操，封他为骁骑校尉。曹操不曾迷失于权力的诱惑，看清了两点：第一，董卓非忠臣，必将篡汉；第二，董卓没有政治和人事根基，企图以一人之强势维系天下安定，绝无可能，失败指日可待。因此，曹操决定不追随董卓，变易姓名，从京城潜逃回乡，散财招兵，竖起反董旗帜。作出这样的决断很不容易。表面上看，曹操的行为不啻以卵击石，实际上，近乎悲壮的起兵，为他赢得了匡扶社稷的正义名声，成为他日后坐大的重要资本。

曹操敢于挑战权臣董卓，是有所依恃的。黄巾之乱爆发后，东汉灵帝招募壮丁，在京城洛阳西园组织新军，任命八人负责，人称"西园八校尉"，其中就有典军校尉曹操，以及后来同他命运交集碰撞的中军校尉袁绍、右校尉淳于琼。何进被宦官杀害后，袁绍接管八校尉。这段经历让曹操和袁绍走到一起，共同对抗董卓。

如何治国

　　从洛阳北部尉入仕，直到担任济南相，一路走来，曹操雷厉风行地整肃腐败，手段严厉。随后转任军职，充当典军校尉，更是军令如山的工作环境。无论是政令还是军令，都是命令式管理，严格服从，立竿见影。曹操熟悉这一套，他也由衷信奉"治乱世用重典"，一方面展现出青年人的果敢刚毅和意气风发，另一方面也反映出他的政治信念，想通过迅速有力的手段挽救王朝颓势，用高压重刑治理国家，用权谋手段驾驭部下。总之，他极其强调统治效率，急功近利。显而易见，曹操属于法家人物。在当时信奉法家的不仅是曹操，活跃在同一历史舞台的英豪几乎都大同小异，诸如孙权、刘备、诸葛亮等人。

　　这批年轻的政治家代表着三国时代的政治风向。他们主张用实用主义的法家集权政治来统一社会，在政治上高度集权,经济上国家全面介入控制,文化上钳制镇压。他们提不出新的政治文化思想,主张用严厉的政令和刑罚来管理社会。曹操还通过三次发布《求贤令》,公开提出反道德的政治主张,提倡不问人品只求政绩的实用主义人才观。他们不仅采用法家的政策,还大批选拔重用法家官吏。法家治国之术确实发挥了救急的功效。三国的掌权者为清一色的法家人物,短期看妙计迭出,激动人心,长远看战争频仍,势均力敌,动乱不已,谁都无法统一中国。为什么呢?中国无法统一的根本原因不在于军事力量的强弱,而在于谁都无法造成一股势不可挡的向心力来凝聚社会。

当时的政治领导人没有认清这一点,反而认为是国家力量不足的缘故,一味强化国家机器。没有理想,只讲治绩,唯利是图,难以服人,更不用说给全社会建立公正稳定的规则制度和理想目标,给百姓带来富裕和公平,激发出文化创造力。把隋末以来的乱世重新治理得繁荣昌盛的一代明君唐太宗,曾经评论曹操那套法家治国术,说道:"要水清首先得源头干净。君主是政治的源头,大臣和百姓则是水流,君主自己使奸行诈,却要臣下正直,就像源头混浊却希望水清,怎么做得到呢?我常常认为魏武帝曹操惯用阴谋诡计,非常鄙视他的为人,那样做怎么能够推行国家的教化和政令呢?"[①]唐太宗总结法家治国终归失败的教训,坚定认为必须推大信于天下,废弃欺诈手段,用公平公正取得民心,激励全社会追求美好的理想。换言之,不能用权术,必须用正道治理国家,方能长治久安。

如何治理国家，有一个观念转变的过程。秦朝推行彻底的法家治国，仅仅 14 年就被民众推翻。刘邦起义的时候已经 48 岁了，算下来，他 34 岁时秦朝建立，目睹了秦朝昙花一现的兴亡全过程，对于秦朝何以如此迅速灭亡有着比任何人都深刻的认识。

秦朝是彻底的法家治国。通过高压和镇压，形成高度的威吓态势，秦始皇的意志不容分说，且难以捉摸。高层官员讨论如何长治久安时，有人建议实行分封制，竟引起龙颜不悦，为避免众口纷纭，断然焚书；秦始皇招徕方士炼仙丹，方士或者携资出逃，或者口出怨言，这么一件无稽之事，竟然引发坑儒之举。然而，高压和镇压长期维持，官民疲惫，从最初的雷霆万钧效果快速递减，基层官吏或者趁势作恶，或者敷衍了事。为了维持效果只能不断加码，例如陈胜一群人的戍边行期，迟到便处斩，足够吓人，应该没有人胆敢违反。可是，立此规定者万万没有想到，物极必反，因为迟到无处逃生，反而激起拼死一搏的意志，点燃推翻秦朝的导火索。刘邦本人释放役丁而落草的经历，必定让他对陈胜吴广起义怀有共情同感。到最后，无论是底层农民，还是上层贵族和中层官吏，都共同喊出了"天下苦秦久矣！"秦朝就此终结，法家彻底失败。这就是刘邦得出的结论，所以他断然摈弃法家，提出了缓和社会矛盾、发展经济生产、安定民生的"与民休息"方针，赢得了汉初的社会恢复，获得稳定。

刘邦的成功经验，进一步被其继承人上升到理论高度，提出"黄老之治"，亦即所谓的"无为而治"，本质是顺应自然规律、经济规则来管理社会，顺势而为，不要逆水行舟。经济发展，民生富裕，国库充实，汉朝获得了七十多年的大发展，仓库里粮食多到装不下，金库内铜钱锈烂了也花不完。国家发展到了"仓廪实而知礼节，衣食足而知荣辱"的重要阶段，必须大力发展文化。没有文化精神统领的经济发展，虽然有助于社会破坏、民生凋敝下的恢复，但是，发展经济为了什么？在极端贫困阶段，那是为了生存。如果达到温饱，就必须考虑文化的问题。人不是动物，而是具有思想的生命体。如果整个社会陷入唯利是图的陷阱，一味追求物质增长，必将离心离德，在争权夺利中瓦解。有思想的人群依靠精神纽带凝聚在一起，这个向心力来自价值观、伦理道德和礼仪规范。人们追求公平正义，重视平等和睦，守望相助，出入相友，疾病相扶持，形成具有民族特点的文化，感召更多认同此文化的人融入。从部族到民族，再到多民族的国家，其繁荣昌盛依靠文化的包容力。经济是文化的基础，但只有文化引领下的经济才能够保持活力，相互促进，和谐发展。这就是汉朝经过七十多年大发展后面临的新要求。这时候出现了雄才大略的汉武帝，主要依据董仲舒的学说，建构汉朝的主流文化，完成了从黄老之治向独尊儒术的转变，支撑起帝国的文化体系。

汉武帝独尊儒术，此后儒生术士群起粉饰附会，五行谶纬、符命运历等不断掺杂进去，甚嚣尘上，日渐蜕化成面目狰狞的怪物。大凡文化的命运，因争论而发展常新，亦因独尊而僵化陈腐。儒家自汉武帝以后，无论从短程还是长程来看，都是这个结局。当文化陈腐而不能满足社会变革的需要时，必定有新思想产生。东汉儒家谶纬之说垄断思想，而社会矛盾趋于激化冲突，两者完全脱节，遂爆发了汉末魏晋的思想解放运动。然而，就当时统治者的层面而言，未见思想进步，反而出现大倒退，直接诉求武力和立见成效的学说，造成法家观念的大回潮。如果不考虑长期的影响和后果，法家手段直接有力，像退热剂、救心丹一般好用。如果作为一时救急手段，后面有长远之良策，未尝不可一用。问题是统治者皆耽于法术，再无远图，这就是魏晋统治者的局限，从而开启了不断沉沦的周期。把秦朝到曹魏的统治理念做个整理，呈现为：

法家→黄老→儒家→法家

四百年间，走了一个轮回，又回到原点。

从整个轨迹来看，曹操遇事清醒，也只是近者清，远者迷。这不是曹操一个人的问题，整个三国时代的政治领导人尽皆如此，说明这是一个时代的问题，也是那个时代的局限性。不能产生高瞻远瞩的政治领袖，则人无远虑必有近忧，战乱频仍的时代大幕势不可挡地落下，人们用无数的生命代价去填充短视的大坑，还兴奋异常，唱诵舞蹈，甚至后世的执迷者依旧激动传颂，膜拜权术。有待大清醒者彻底破除这个局，走出古代，走向未来。

注释：

① 吴兢《贞观政要》记载："太宗谓封德彝曰：'流水清浊，在其源也。君者政源，人庶犹水，君自为诈，欲臣下行直，是犹源浊而望水清，理不可得。朕常以魏武帝多诡诈，深鄙其为人。如此，岂可堪为教令？'"参见吴兢撰，谢保成集校：《贞观政要集校》，中华书局，2009年，第289页。

三次预见

　　曹操怀着激浊扬清、整肃腐败的理想踏入仕途。同时，他崇尚法家，凡事都从权力的角度辨析，务实且精明，不被假象所迷惑。这个特长应该得益于家庭环境。祖父曹腾曾经掌握朝廷实权，父亲曹嵩虽然窝囊，却也身处庙堂。这样的家庭环境使得曹操从小看惯了官僚间的尔虞我诈，勾心斗角，明白官场运作的规则和手段，所以不容易被虚情假意所迷惑，善于看穿对手的政治意图，这是他的优势所在。如果和平民起家的英豪相比，这个优势更加明显，可以少走不少弯路。犀利的政治眼光，让曹操不曾误判形势而掉入陷阱。

　　初出茅庐的时候，曹操就遇到了三次生死攸关的抉择，成功了肯定是莫大的机会，失败了则将灰飞烟灭。机会和风险从来都是事情的两面，机会越大，风险必然越高。曹操是如何分析和决断的呢?

第一次抉择发生在曹操还是小官的时候,冀州刺史王芬、谋略家许攸找到了他。

冀州古居九州之首,地大富饶,是精兵所聚之地。刺史王芬得到南阳谋士许攸等人相助,颇具势力。他们谋划废昏立明,以合肥侯取代汉灵帝。东汉盛行谶纬,术士观天察地,望气占卜。河北有名的术士襄楷夜观天象,兴冲冲地跑去告诉王芬说:"天象不利宦官,将灭族。"王芬激动起来,他早就和南阳谋士许攸、沛国周旌等人暗中联络地方豪强,作了起事的准备,计划在灵帝巡游河北旧宅的时候动手。为此,王芬上书朝廷,声称黄巾的黑山军攻劫郡县,要求批准兴兵镇压。在当时,废昏君的主张得到清流士人阶层的拥护,颇具民意基础。他们想争取曹操参加。曹操对于革新朝廷是赞成的,但是,他认为王芬等人过于草率,分析道:"废立皇帝是最不吉祥的事情,古人谨慎权衡轻重成败之后而行此事的有伊尹和霍光。伊尹心怀忠诚,居辅弼之位,掌管官司,势高权重,所以可以根据情势实行废立之举。至于霍光受顾命之托,手握权柄,内依太后秉政,外有群臣共识,而新帝即位日浅,没有可用之人,故可密谋废立,如摧枯拉朽。现在密谋之人,只看到别人行事之易,却未见今日局势之难。请问你们结成的力量能和七国相提并论吗?要拥立的合肥侯堪比吴楚国王尊贵吗?在这种情况下采取废立皇帝的行动,并希望完全成功,岂不十分危险吗?"

　　曹操这段对于形势的分析十分清醒，没有被有利于己的清流舆论所左右，而是着眼于政治合法性、权力态势、实力对比等现实条件，判定王芬等人的举动不具有优势，几乎没有胜算。后来事情的发展证明曹操的判断十分正确。王芬这群人既不在权力中枢，又没有能够号召天下的正义性，却夸大自身的有利因素，相信没有根据的"天象"，可谓自不量力。和这些人一起做大事，岂非自取灭亡？

　　果然王芬请求兴兵之举被朝廷否决了。太史向灵帝禀报，北方有赤气经天，贯穿东西，此非吉兆，恐怕有阴谋。于是灵帝停止了巡行河北的计划，而且命令王芬不得兴兵。不久召他入朝。王芬以为事情败露，吓得自杀。王芬的阴谋因天象而起，亦因天象而败，非常具有神秘性。仔细辨析，王芬一方被天象鼓舞起来，应该没有疑问，可见这群人何其轻率，如何能够成事！至于朝廷一方却未必就是根据天象作出判断的。黄巾军起事，四方告急，灵帝为什么只去河北巡视呢？他从来没有御驾亲征的事迹，怎么会冒矢石之险？估计也是王芬获得的不实消息，结合天象就要轻举妄动。在一旁的曹操冷眼观察，看得十分通透，他没有上这条凶多吉少的船，确实精明。

　　第二次抉择发生在大将军何进当政，图谋彻底铲除宦官之时，身为典军校尉的曹操是否响应这个行动呢？

　　当时内外形势都十分危急。外部有西北军阀韩遂等人称兵作乱，众至十余万人，天下骚动。内部则灵帝去世，太后临朝,亦即"主少国危"之际。太后用自家人何进秉政,何进想一举铲除祸害甚烈的宦官,希望太后支持,不料碰壁,进退两难,便同袁绍商议。由于京城的武装力量掌控在宦官手中,所以何进想征调西北军董卓率部入朝,以优势的兵力碾压宦官的武力。

袁绍和曹操是西园新军的同僚,一起商议此事。曹操对此有完全不同的见解,认为任用宦官做事,没有任何问题。显然曹操明白宦官是皇权的衍生物和工具,不宜彻底铲除。但他也认为问题出在皇帝过于偏重宦官,造成尾大不掉甚至恶奴欺主的情况。要解决并不难,只需派遣吏员将宦官主要头目抓起来便可,而不应该全部诛除。这么大的动作一定会走漏风声,宦官不会坐以待毙,必定拼死反扑。所以,他料定何进必败。

这一次曹操又预料准确了。什么道理呢?因为他很知道宫廷政治的玩法。别看何进军权在握,声势显赫,其实最为关键的是宫禁武装。让外地军队镇压宫廷禁卫,不啻改朝换代;在此过程不能控制中枢,就难以成功。何进和袁绍虽然位高权重,却不明宫廷斗争的就里,曹操却是大宦官曹腾的嫡孙,知道成败在于瞬息之间,远水难救近火。不出曹操所料,宦官向太后哭诉陈情,让太后出面调解,召何进入宫。何进刚踏入大内,立即被宦官杀死。

第三次抉择旋即发生。何进死后,袁绍尽诛宦官泄恨。然而,西北军阀董卓紧接而至,尽揽大权,废除皇帝,另立献帝。这一举动暴露了董卓的政治野心，东汉王朝已经命悬一线。董卓放出许多好处，延揽朝中官员，招降纳叛，上表为曹操请封骁骑校尉，拉拢他入麾下。

面对权势熏天的董卓，曹操怎么看呢？显然很不看好，因为董卓来自边疆，在官僚和士人阶层中根基很浅，却野心太大，一来就废黜皇帝，把篡汉的企图暴露无遗。这种没有政治合法性的强权，必定把各个政治派系推到反对面，并且给了他们聚集在一起的旗帜：匡扶汉室。所以，追随董卓的眼前利益固然诱人，但不久必定万劫不复。相反，讨伐董卓看似以卵击石，却可以获得正义性而有利于将来的发展。

曹操看得很清楚，判断也很正确。所以，他没有接受董卓的封官，而是悄悄地变易姓名，潜逃出京城。这一路颇为惊险。董卓知道曹操逃跑，下了通缉令。曹操跑到中牟，被亭长认出来，捉拿到县衙，似乎在劫难逃。中牟县审案官员是个明白人，看出董卓并不能长期揽权，不愿助纣为虐，于是放了曹操。曹操被惊吓一场后，死里逃生。逃窜的路上，曹操经过故人吕伯奢家，不巧吕伯奢不在，五个儿子热情招待他，在厨房准备菜肴。曹操听到磨刀声响，以为人家要谋害他，推门进去，不由分说地将他们全都杀害了。由此可知曹操当时何其惊恐。当然，这件事情也反映了曹操的为人，当他知道自己杀错人后，非但没有追悔自责，反而大言不惭道："宁我负人，毋人负我！"这句话广为流传，遗臭万年。显然，曹操的冷静还出自极端利己的算计，一个政治家的胸怀决定了他所能达到的高度及其历史地位。

　　曹操的三次预见，第一次关乎地方干预朝政，第二次关乎宫廷斗争，第三次关乎军事强人前景的研判，全都应验了。除了对于形势和各方态势的冷静分析之外，曹操常常能够见人所未见。很多人只看到实力对比等看得见的物质条件，夸大自己的优势，却没有看到更为重要的正义、合法性等政治伦理的方面，将这些看做虚的东西，殊不知这些才是号召天下、群起响应的关键所在。曹操在这方面没有犯错误，不曾与僭越势力同流合污，没有参加过任何一次留下污名的行动，政治清白，大方向正确，成为他日后崛起的重要基础。对于一个二十出头的年轻人来说，有如此准确的洞察力，实属罕见。

二 逆势崛起

察言识人

曹操脱离董卓是崛起的第一步，而且是显露底色的关键一步。纵观历史人物，出道时的行为最能看出其本性及后来事业的高度与性质。亦即在一无所有而又热望拥有的时候，会不会没有底线、不择手段，这将决定他今后的为人处世，并且给自己的事业种下基因。人怎么样，事业也就怎么样，罕有例外。

就说曹操吧，他正要开基立业，崭露头角，这时候遇到了权倾一时的董卓的拉拢。如果投桃报李，夤缘而上，曹操可以迅速获得官场资源，壮大势力。然而，曹操看清了董卓篡汉的图谋，毅然决然冒着生命危险与之决裂，逃回老家。有人说何苦呢，不会先捞一把，等自己壮大了再与之决裂吗？这种声音不绝于耳，仿佛聪明得计，其实完全不然。从一开始就牺牲底线、与人同流合污的人，以后也不会改变了，因为它的底色就是唯利是图、不择手段。就像草原上的食腐动物鬣狗，啃腐肉如食甘饴，怎能期望它长大后成为狮子呢？入污泥而誓言从良的人屡见不鲜，真正从良者却难得一见。为什么呢？来得太容易了，会成为惯性，一旦到了紧急关头便故态复萌。所以，不要相信没有底线的人，不管他说得多么美好善良。古人告诫世人"穷则独善其身，达则兼济天下"。独善其身绝不是精致利己的明哲保身，所谓的善，说的就是底线和原则，可以落魄、清贫，却不能出卖灵魂。要做到这一点，没有兼济天下的情怀恐怕难以达到。说到底，情怀和信念决定人生。人说曹操奸诈，但他在出道之初断然拒绝董卓高官厚禄的引诱，可见是有底线的人，所以他成为三国中首先成功的人，其中自有道理。

有人说古代的统治者都是靠不择手段成功的。实际上，其中的差别在于是把手段当做目的，不断以术治国，还是把手段当做工具，去实现富民立国的目标。比如说遭人诟病的刘邦，被描绘成乡村痞子，人们痛惜英雄项羽惨败在他的手下。然而，比较一下他们各自的行为，就知道不是这么回事。刘邦身为秦朝体制内的亭长，知道秦始皇兴骊山之役，民夫多惨死，所以在押解乡民前去服劳役的途中，毅然解放他们，自己却不得不逃命落草，这是他走上反秦道路的最初缘故。项羽随叔父起兵，攻城略地，所过之处烧杀抢掠，屠杀平民。他们两人孰优孰劣，一目了然。刘邦最终胜利，靠的不是使奸用诈,而是解决了广大民众流离失所的社会问题。

曹操逃回老家,分散家财招兵买马,拉起队伍,和山东各地的英雄豪杰一道展开轰轰烈烈的反董卓的战争。那时候所谓的"山东",指的是太行山以东广大的华北地区。这里面也隐藏着地域之争。董卓来自西北,垄断朝政,招致山东群豪起而反对,冀州牧韩馥、豫州刺史孔伷、兖州刺史刘岱、渤海太守袁绍、后将军袁术、山阳太守袁遗、河内太守王匡、陈留太守张邈、东郡太守桥瑁、济北相鲍信等都率部起兵,结成联军,推举最有名望的袁绍为盟主。曹操加入这个阵营,和袁绍再度共事。这两位东汉西园新军的同僚,生命中有过三次交集,第一次是并在西园八校尉行列中,第二次是联合反抗董卓,第三次则是在官渡生死决战。袁绍一直居于曹操之上,第一次是上级,第二次是领导,第三次是强敌。为什么袁绍总能居高临下呢?

袁绍出自河北世家名门,四代人里面出了五个位居三公的人物。在汉朝的政治架构里,三公官位最高,虽然权力不一定最大,却是声望隆重,具有很大的政治影响力。而且,袁家以清正廉洁著称,在东汉腐败的官场里,很受官民敬仰。还有一点,袁氏久居高位,门生故吏布满朝廷和地方,构成深厚的官场资源。

因而,袁绍对于曹操,以及大多数官员,拥有三方面优势。第一是家门。袁氏自幼接受很好的礼仪家规教育,擅长接人待物和自律奋发。富豪权门家庭,如果缺少文化和家教，大多数无法延续兴盛，俗话说"富不过三代"，豪门多出败家子。袁家清廉自律，自幼便有良好的家风训练。第二是文化。使袁氏子弟不同于一般掌权却不通文墨的官僚，在官场可以成为人师，培养弟子，组成精英类型的官员队伍。中国古代伦理讲究"天地君亲师"，老师和弟子之间具有不可违逆的伦理关系，与君、父并列，所谓"一日为师，终身为父"。第三是权力，平日提携众多部下，结成共同的利益关系链条。袁家号称"门生故吏遍于天下"，莫与为比。

曹操固然出自权门家庭，却是宦官后裔，遭人贱视；诗赋才华固然出众，却非名门弟子。这两点决定了曹家不可能在官场收授门生，也没有可以承继的父辈旧部，所以曹操无法和袁绍比，处处居于下风。

处于优势地位的人往往不太留心部下。相反，位居劣势的人会十分认真地观察揣摩上司。袁绍和曹操的关系正是如此，袁绍轻视曹操，妄自推断；曹操对于袁绍则观察入微，了如指掌。由于他们两人曾经共事，比较亲密，时常可以做推心置腹的对话。

反董联军虽然组建起来了，但是双方的实力对比十分清楚。董卓一方是训练有素的正规军，面对临时拼凑的反董联军，占据明显的优势。袁绍对前景颇为担忧，找曹操商讨对策，问曹操如果战败了怎么办？袁绍自问自答，说袁家在河北根深蒂固，如果失败了，准备退回河北，召集故旧自保。然后他问曹操如何对处。曹操回答道：没关系，只要聪明才俊之士跟我走，哪里都是我的退路。

这段对话可以看出两人的胸怀眼光和格局。袁绍盯住的是看得见摸得着的物质条件，诸如兵力、钱粮、地盘之类，以武为本。曹操看重的是人，有人就有一切，没有人将失去一切，所以他高度重视的是人才的去向，致力于延揽各种精英，以人为本，因人致胜。从这里可以看出袁绍和曹操截然不同的思路和格局，曹操比袁绍境界要高得多，抓住的是最根本的因素。

这场对话暴露了袁绍的格局，引起曹操的深刻思考。袁绍这种见人所见，停留在观察对比表面条件却忽视根本要素的盟主，如何能够鼓舞人心、凝集众力去战胜强敌呢？这样的领导，成不了大事，前途暗淡，不值得追随。曹操看透了袁绍，能不心生去意？

对袁绍的观察判断，促成了曹操政治去向的重大抉择。

旁观洞彻

　　曹操和袁绍是旧日同僚，走到一起对抗董卓，日间共筹良策，夜里杯觥交错，过从甚密。同声望隆重、高位自得的袁绍相比，曹操多了一些心眼，非常注意观察袁绍的一言一行。这大概是作为部属的共同之处，要熟悉上司的性情脾气，以利于更好地磨合。曹操并不尽然，他和袁绍地位相去不远，有自己的势力，志向又不甘居人之下，所以更要好好观察袁绍，看看他是能够长期合作的盟友，还是需要尽早摆脱的潜在敌人。善于观察是曹操保持清醒、脱颖而出的重要原因。

　　作为领导，战略眼光和容人之量至为关键。袁绍眼光不远，畏首畏尾，在前面同曹操关于前途的对话中暴露出来了，容人之量有待进一步观察。因为袁绍名气很大，慕名而投入麾下的人很多。崇拜者往往是盲目的，袁绍在众人面前则显得潇洒大方，两方面结合起来，袁绍那里有着海纳百川的热闹景象。

真正的观察者一定会由表及里，看穿表象，看到本质。曹操十分注意袁绍的待人接物，从旁冷静观察，有一个人进入了他的视野，那就是冀州牧韩馥。

韩馥是袁氏旧部，亦即所谓的"义故"，董卓重用的人推举他为冀州牧，主掌北方第一大州。不久山东起而讨董，韩馥参与其中。众推袁绍为盟主。袁绍时任渤海太守，官居韩馥之下，地狭人少。袁绍及其部下都意识到仅凭个人和家族声望统率各部联军是不够的，必须拥有自身强大的实力。他们不约而同地打起韩馥的主意来。韩馥性格懦弱，不是统兵之材。韩馥也知道这一点，对袁绍亦有戒心。

虽然有一点芥蒂，毕竟韩馥还是袁氏义故，地道的自家人，怎好公然向他夺权呢？于是袁绍想出一条妙计，东北幽州的公孙瓒早就存有南下扩张的野心，看不起毗邻的韩馥，如果招引他南下，韩馥一定难以抵挡，不能不向故主少爷袁绍求助。想到就做，事情果然如袁绍的预料，公孙瓒打着讨伐董卓的旗号，进军冀州。韩馥惶恐不安。借外敌之手，行内讧夺权之实，从这一点就应该明白袁绍是为了权力不择手段之人，没有底线，也没有原则，独当一面之初就行卑鄙之事，和曹操坚拒董卓不可同日而语。借敌杀友绝不是一个权术手段的技术问题，而是不可逾越的底线。手段卑鄙，目的一定卑鄙，所以袁绍最终败于曹操是有道理的，两个人的格局、眼光和做人不在一个层次上。

袁绍先制造危机，然后再趁人之危，派遣游说之士去见韩馥，向他分析形势，指出公孙瓒敢于进犯，全都因为韩馥声望不能服众，才能不足以御敌，如果换袁绍来面对危局，一定截然不同。袁绍少年英杰，扬名四海；袁家根深蒂固，门生义故遍布天下，只要袁绍主持冀州，振臂一呼，众皆响应，公孙瓒必定知难而退。若不如此行事，公孙瓒由东而西，袁绍自西向东，两强交战于冀州城下，您就危在旦夕了。说客摇唇鼓舌，道理一套又一套，无非巧取豪夺，图谋利益。

韩馥早已惊慌失措，再听这么一番分析劝诱，完全失去了主张。以前他对袁绍有戒心，亦曾进行制约，但他毕竟是袁家义故，按照规矩，见少帅如见老帅。袁绍再年少也是现在袁氏的当家人，韩馥心存敬畏；加上大敌当前的危机形势，让他也觉得只有依靠袁氏的力量才能退敌，所以接受了来人的劝说。韩馥的部下不答应，指出冀州地广人众，兵强马壮，粮草充足，袁绍少兵乏粮，一触即溃，为何将冀州拱手让给他呢？他们甚至整军逼近袁绍军营示威。但是，韩馥执意让出冀州，说道："我本是袁家义故，才干不如袁绍，故应循古道推德让贤，你们有什么意见呢？"袁绍就这样唾手得到了冀州。

袁绍派部下朱汉来管理冀州。朱汉是一个小人，怨恨韩馥以前怠慢他，且要逢迎袁绍，便开始迫害韩馥，派兵包围韩馥的府邸，手执白刃登堂入室，把韩馥的儿子收监大牢之中，打断了两条腿。韩馥惊恐万状，向袁绍请求离开冀州，投靠张邈去了。

韩馥走后,袁绍的心病未除,依然担忧韩馥东山再起,必欲除之而后快。他想出一条计策,派人前往张邈处议事。张邈款待来宾,韩馥作陪。席间袁绍的使者不时在张邈耳边说悄悄话,仿佛有所密谋。韩馥此前受到迫害,害怕得铭心刻骨,见状感觉是在说自己,疑心袁绍要借刀杀人,不愿再受凌辱,遂起身如厕,自我了断。

袁绍设计害死了韩馥,做得非常隐蔽,让外人看了觉得韩馥小心眼,疑神疑鬼自寻短见。袁绍可以自鸣得意。古人说"若要人不知,除非己莫为",在中国这个藏龙卧虎的国度,从不缺乏明白人,只是不说穿而已。他们是真正的智者,冷眼旁观判断,用行动作出回应。当时在袁绍身边的荀彧和曹操就是这样的人物。

荀彧是绝顶聪明的谋略家,举孝廉入仕途,董卓擅政时,他自求外放,任亢父县令,很快弃官回乡,告诉乡里人赶快迁徙。为什么呢?荀彧预见天下将乱,家乡颍川乃四战之地,兵连祸结,不宜久留。然而,世间众人不到大祸临头是不愿正视现实的,宁愿自我麻醉,心怀侥幸,也不肯听取清醒者的预告,唯恐惊扰了早已习惯的现状,仿佛充耳不闻便可岁月安好,更有劣者叱骂攻击预警的先觉。荀彧的话,无人理睬。冀州牧韩馥本是颍川同乡,知道荀彧聪慧,派人迎接他去冀州任官,乡里人无人愿意跟随他去。荀彧得此良机,马上举族迁徙到冀州。不久以后,董卓派遣部将李傕出兵关东,一路掳掠，所过残破，乡人多罹灾难，追悔莫及。

在风平浪静的时候预见到风暴的来临，一旦看清楚即断然付诸行动，决不图谋占尽利益，贻误大计，荀彧具有战略谋士的基本性格。在局势的分析上，荀彧总能紧紧抓住关键所在作为观察和判断的切入点，而主导局面的人物就是他的重要线索，因而他颇有识人之明。荀彧受韩馥邀请而来，对于其后韩馥的种种遭遇，看得十分清楚。袁绍对待韩馥这件事情，可以看出袁绍格局狭隘，没有容人之量；眼光短浅，拘泥于现实利益；重物不重人，唯利是图，不择手段。因此，袁绍不可能成为乱世中号召天下的领袖。虽然袁绍在驱逐韩馥之后，一再延揽荀彧，待之以上宾之礼，但荀彧毅然离开了他，投向曹操。这时的荀彧年仅 29 岁。

曹操也是冷静的观察者，从他后来的各种作为可知其精于权术手段，怎能看不清袁绍背地里的操作？没见识的人起哄喝彩，明白人自有分寸。曹操从这件事情看清楚袁绍不是领袖这块料，也无法与之共事。就在他从旁观察袁绍的当口，一次聚会上，袁绍举起一方新得到的玉印向曹操展示。玉印是二千石高官乃至王侯所用，袁绍用高官厚禄收买曹操的意图十分明显。曹操不由想起不久前反董联军拥兵十余万却日日置酒高会，无人出战。袁绍胸无救国大志，怯懦谋私的本质在一言一行中流露出来，被曹操敏锐地捕捉到。

曹操对于袁绍的判断，和荀彧所见略同。两个清醒聪明的人看得十分透彻。曹操曾经奋起呼喊，试图推动袁绍积极作为,改变畏敌不前的颓势,在军事会议上力陈:"举义兵,诛暴乱,诸君有什么迟疑的呢?董卓不敢主动出兵关东,反而焚烧宫室,劫持天子西迁,海内震动。这是天要灭亡他的时机,可一战而定。"曹操的分析切中董卓要害,可是无人听取。年轻气盛的曹操愤然而起,率领自己的部队西进成皋,准备占领中原要地,继续挺进关中。在荥阳同董卓部将徐荣遭遇,激烈交战。新军初上战场就是一场硬仗,伤亡甚众,曹操本人也中箭负伤,不得不且战且退,撤到酸枣。再看看袁绍等人,竟然屯驻此地天天摆酒会,全然没有出战的意向。曹操怒不可遏,斥责他们坐失破敌良机,令天下支持大义的人们失望,深以为耻!斥责归斥责,既然各方皆有盘算,吵不出结果,乃至不欢而散,那么自己该怎么办呢?曹操冷静下来,陷入深深的思考。

到河南去

　　反董联军是同床异梦的乌合群体,袁绍不是真正的领袖人物,那么,胸怀大志的曹操应该怎么办呢?公开同袁绍决裂显然不可取,因为曹操没有那个实力,也不利于将来的发展。但是要继续屈居其下同样不可取。另外开辟一片天地,壮大自己的力量,这是曹操冷静思考后的决定。他在等待一个合适的理由。

　　混乱的时局带来许多机会,黄巾起事后,各地反叛风起云涌。魏郡(今河南安阳)和东郡(今河南濮阳)遭到黑山军的猛烈进攻。告急文书传来,曹操马上率部前往镇压,激战于濮阳,击破黑山军一部。袁绍上表朝廷,封曹操为东郡太守。曹操有了自己的立足之地,开始专心经营起中原河南。

　　曹操的出走,处理得非常漂亮,镇压叛乱是很好的理由,对于稳定东部反董阵线十分必要,袁绍自然赞同,并且给予支持。在独立发展的道路上,不事张扬,创造有利的外部环境,争取多一份的支持,总比自吹自擂、四面树敌更有智慧。曹操和袁绍友好分手,自谋发展,表现得非常成熟和圆滑。

选择河南作为开拓之地,同样显示出独到的目光。确定独立发展的大方向之后,选择正确发展的地方至关重要。方向对了,但地方错了,则难以成功,这样的教训在三国时代并不少见。对于曹操来说,为什么选择河南是明智的呢?难道河北不如河南吗?

这里先来对比一下两地的情况。河北指的是黄河以北的广袤区域,狭义上说,主要指华北地区。其西北面有阴山山脉,和东北面的燕山山脉相连接,把整个北面给防住了。西面是南北向的太行山脉,构成屏障,东面则是渤海,南面是黄河。渤海虽然比不上东海辽阔,黄河也不如长江宽深,但是,中国自古以来水上力量不强,尤其和同期地中海国家相比较,更可看出中国古代主要依靠陆战武装。所以,像黄河这样的大河能够阻挡陆战部队的攻击,渤海就更不用说了。两面高山,两面临水,把河北地区完整地包裹起来,构成比较容易防守的形势。内里的华北平原五谷丰登,物产富饶,往北进入草原,水草肥美,牛马壮硕。此地幅员广阔,人口众多,要人有人,要地有地,农耕步战,车骑驰骋,在当时最为稳定,谁都想据有它。

河南乃中原之地,东汉首都洛阳坐落于此,是王朝的政治中心。正因为此，东汉末年的政治斗争在这里轮番上演，一波波的权臣武将坐庄恶斗，演变为军阀内战，把这里糟蹋得不成样子。不论哪路人马得势，都是生灵涂炭。王朝汇聚的文化精英四下逃散，零落于周边。权力真空招引来各地武装在此争抢地盘，烽火遍野，无比纷乱。从地形上看，河南大部分地区一马平川，和平年代盛产粮食，民户殷实，可到了动乱年代，便是狼奔豕突的战场。

同河南相比，河北要好得多，令人垂涎。然而，袁氏乃此地名门望族，累世经营，人脉盘根错节，势力雄厚。所以不要光看其表面呈现出来的安定富庶，更要看到区域内部权力结构的坚固，不是外来者可以随便开拓的。好地方从来是强者先占，弱者企图挑战就必须付出极大的代价，还很难立足。所以，不要羡慕别人的好，而要找到适合自己的东西。刘备短谋少智，想在河北山东一带分得一杯羹，结果四处碰壁，落荒而去，因不自量力而为自己的短视付出惨重的代价。曹操则很明白这个道理，从一开始就避开河北，到河南奋力争战，为自己赢得一片稳固的立足之地，进而谋略全国。

河南一片乱象，谁看了都头痛，为什么曹操就选择它呢？说穿了是眼光和实力的问题。史学巨著《史记》在《货殖列传》里列举了古代商神成功的事迹，在他们起家的时候，几乎都采取了人弃我取的策略。当你弱的时候，看到谁都想要的好东西就必须好好掂量掂量，不是人要的你都去要，关键看你有没有实力要，必须作出与自己实力相匹配的选择。强者舍弃的东西未必差，适合自己的便是最佳。所以，好坏没有定论，就看对谁而言。

曹操在创业路上，首先要避开将对自身发展构成强大阻力的对象，不去挑战注定会碰壁的对手，他做对了，避开袁绍。当然，他也没有走远，不曾离开中心舞台，保持并不断增强自己的政治分量和影响力。这又是他优于孙权和刘备的地方。关于孙权和刘备的成败得失，笔者将另书分析。

力有不逮，曹操选择到河南开拓，问题也随之而来。从军事的角度来看，一马平川的平原地带无险可守，是显而易见的不利之处。严酷的环境特别锻炼人，开拓河南带给曹操很多益处，终生受用。

第一是锻炼了心智和眼光。身处不利之处，要学习不去怨天尤人，因为这样不但于事无补，反而销蚀自己的意志。既来之则安之，必须明白事物总是相互依赖而存在的，重要的是如何看待与转化，变不利为有利。受此磨炼，人将变得遇事冷静，临危不惧，善于找到转机。

第二是锻造出一支特别能战斗的队伍。由于河南是四战之地，缺少地形做屏障，军队必须时刻保持高度的警惕性，加强侦查和信息的获取，而且战斗特别激烈，退一步可能就会一溃千里，因此需要殊死拼搏，勇往直前。不要说一般的将士，连曹操都经历了好几次绝地逃生的惊险时刻。经过几年的锻造，曹操的部队特别能吃苦，作战英勇顽强，战术灵活机动。在后来展开的官渡之战中，可以看到曹操的部队非常坚韧，胜过凶悍却韧性不足的袁绍北方军。

　　曹操以自己曾经任职过的兖州为踏板经营河南，选择徐州作为攻击目标。

　　徐州是黄淮地区东西南北的交通枢纽，控扼华北与江南、山东半岛与中原的关键之地。历史上，决定中国命运的决战经常在此展开。远的如刘邦同项羽的垓下决战，就是从徐州揭开大幕；近的如朱元璋占领徐州，奠定明朝胜局。拿下徐州，将基本确立夺取全国胜利的形势。曹操深谙兵法，熟知地理形势，从一开始就紧紧地盯住徐州，很快就得到了出兵的借口，而且非常在理：为父报仇。

　　这到底是怎么回事呢？自从烽火四起，曹操就想着把父亲曹嵩从老家接到军中，有个安全保障。曹嵩没什么本事，在官场也没混出名堂，后来还是靠父亲曹腾给他买了个大官当，跻身朝廷最高官僚之列。如前所述，曹腾生前为实际掌握东汉大权的宦官，应该有些手段。过继而来的儿子曹嵩在特权家庭里养尊处优，享受欢乐却蹉跎岁月，一事无成。权贵家庭出废材，比比皆是，成为常态。大致父母强势且喜欢大包大揽的家庭，子女得不到磨砺反而才能平庸。相反，父母平庸，子女多有出息。曹操家可以成为例证：曹腾强，曹嵩弱，曹操强。曹嵩活在乱世，竟然毫无感觉，依然露财显摆，招摇过市。曹操派人来接他，曹嵩把家里的金银财宝装了二十多车，插上旗帜，排成长龙，浩荡启程。兵荒马乱之际长途旅行，本应简装低调，避人耳目。即便如此也难保一路平安。现在曹嵩大肆张扬，仿佛打着曹操的旗号就没人敢惹，愚蠢到这等地步。果不其然，曹嵩一行才走到徐州就被人杀死在道上，人财皆空。到底是谁干的呢？传说纷纭，有的说是山贼，也有的说是官军，等等。后一种说法称徐州牧陶谦担心曹嵩的安全，专门派遣将军率兵保护他过境。这位将军看到曹嵩如此富有，见财起意，杀了曹嵩，劫走财宝。究竟哪一种说法真实，无从判断，最重要的是曹操如何认定。

曹操一口咬定是陶谦干的。此时陶谦六十二岁，衰老不久于人世，性格也不是贪婪卑鄙之人，加上徐州兵力不强，不应主动结仇，招致不测。但这些都是事后分析，不足为证。现实是曹操获得了无人可以反对的道理：为父报仇。人类越往古代，家族亲情越受重视，容易获得普遍的支持与同情。所谓"父仇不报，不共戴天！"连王朝国法都为报父仇减轻刑罚，甚至网开一面。曹操打出这个旗号，别人很难支持陶谦。初平四年(193年)，曹操大军猛攻徐州，大败陶谦，杀伤数万军民，尸体一度堵塞了泗水，可知曹操志在必得，十分凶残。

当时各路军阀作战，掳掠烧杀，给社会造成极大的破坏，农业生产几乎破败，政客们不到经济破产是不会消停的。"出门无所见，白骨蔽平原"是诗人王粲亲眼目睹的人间惨状。杀人掠货无异于杀鸡取卵，最后的结果就是没有粮食。所以，粮食一直是三国时期的根本性问题。全国性粮荒，有的闹到军队乏粮而以桑葚为食，咎由自取。曹操的攻势被迫停止，是因为没有粮食了。践踏民生的政客，在古今史书上从来被唾弃，有些政客一条道走到黑，有些人幡然改悔。曹操属于后者，做了坏事后明白是条死路，回头是岸。后来他积极推行屯田制，恢复社会经济，成为放下屠刀之后的另一种清醒。这应该不是出自良心的发现，而是严酷现实的教训。

第二年，曹操再度进攻徐州，打得陶谦惊恐不已，甚至想弃城出逃。幸好张邈和吕布作乱，曹操不得不回师镇压，让陶谦逃过一劫。徐州虽然守住了，陶谦的魂却随曹军而散，临死前把徐州托付给了刘备。

陶谦没有把徐州传给儿子可谓"知子莫若父"，让没出息的儿子手握重宝，等于送他上黄泉之路。交给刘备大概是陶谦当时无奈却也是最好的选择。徐州遭到曹军攻击的时候，陶谦请来刘备帮忙。刘备虽然兵微将寡，却勇于急人所难，拼死相助，甚至投入陶谦阵营。凭着讲义气这一点，陶谦把徐州交给他也算是一种报答吧。汉代社会颇重义气，刘备、关羽和张飞三结义的故事流传千古，是那个时代风气的写照。可是，刘备并不是上选，首先是他没有誓死守住徐州的决心，陶谦死后，他甚至想把徐州转让给袁绍。其次，刘备没有守住徐州的实力。既没有信心，又没有实力，徐州怎么能守得住呢？

刘备为了守住徐州，匆匆扩张势力。扩军来不及，招降纳叛可谓捷径。刘备把走投无路的吕布纳入麾下，为他看守徐州大门。吕布起自西北草原，和顶头上司丁原情同父子，却为了荣华富贵而杀死丁原,转而投靠权臣董卓,誓为父子,不久又亲手杀死董卓。一再杀害义父,可见吕布人品之低劣,毫无情义,不择手段。当时各大势力都拒他于门外,唯恐引狼入室,只有刘备不自量力,接纳倚重,以为能够驾驭任用。结果不出意外,吕布趁刘备外出作战时偷袭徐州,反客为主。这场内斗使得徐州内部离心离德,曹操看准机会起兵征伐,在刘备的协助下,终于拿下徐州,控制了华北的战略要地。

曹操南下开拓,斩获甚多。开始经营兖州的时候,遇到了青州黄巾军,号称百万,声势浩大。曹操以少击多,经过十分惨烈的战斗,折损多员大将,收服了青州黄巾军,受降卒三十多万,以及随军人口百余万。这是曹操最大的收获,他马上把青壮精锐组织起来,编为"青州军"。这支军队成为曹操南征北战的基干武装。

在这里,曹操打败了张邈、陈宫,完全控制了兖州。接着,曹操挥师中原,镇压了汝南、颍川的黄巾军,进入洛阳,迎接天子前往许昌,定都于此。把天子掌握在手中,曹操得以挟天子以令诸侯,占领了政治制高点,成为东汉王朝合法性的代言人。

当年天子被董卓劫持,后来董卓败亡,宫室残破,天子犹如浮萍飘零,各路军阀视之如敝屣,无人愿意扶持天子以恢复汉室。曹操的谋士荀彧和程昱有远见卓识,力劝曹操立即迎接天子。等曹操做完这件事情,诸侯们才知道失策了,追悔莫及。从乱世的斗争到和平时代的竞争，归根结底比拼的是见识和眼光，优良的文化环境中锻造出来的卓越人才，是制胜之本。

头上顶着王朝正统的合法性桂冠，手中握有强大的"青州军"武装，曹操意气风发，经略中原。他打垮了杨奉，东征袁术，连连得手，河南的局面越来越明朗，曹操正在迅速崛起，将完全控制中原。

人在顺境，大权在握，很容易失去冷静，做出格的事情，甚至犯下危险的错误。曹操经历了惊心动魄的一幕，让他的头脑恢复清醒。这件事情本来很简单，从关中南下的张济占据南阳，不久死去，儿子张绣继领其众。曹操见机进驻宛城。张绣认定曹操是个大英雄，率部投降。一切都十分顺利，丽日晴天，曹操和张绣把酒言欢，十分亲热。张绣把家人介绍给曹操，拉近关系。曹操其实是个性情中人，时常对酒当歌，横槊吟诵，好色不拘。此时见到张绣的婶婶十分美丽，不容分说要纳为侧室，这就伤了张绣的面子和感情。张绣深感屈辱，后悔自己看错人，决心杀掉曹操，洗刷羞辱。他趁着曹操酒醉酣睡之机，发动夜袭，幸好曹操身边卫士拼死抵挡，让曹操万分狼狈地逃得一命，但他也付出惨重的代价。长子和护卫他的将军都死在营中。尽管曹操逃出去后发动反攻，击败了张绣，但是，这件事对他是一次深刻的教训。人都有得意的时候，曹操今后也会再有被胜利冲昏头脑的轻率决策，但他能够很快清醒过来，自我纠错。看来这次的鲜血没有白流。

这个时期的战争,非常惨烈,曹操有过挫折,也身负战伤,但他的目标和决心十分坚定,全力夺取河南,建设自己的根据地。没有退路的环境为他锻造出战斗力极强且具有韧劲的军队。同时,他也在弥补自己的短板,改变以往各路军阀杀人掠财的做法,在淮河流域建立屯田,恢复生产,安定民生。一手军队,一手生产,曹操对于河南的经营彰显出成效。建安三年(198年),曹操基本平定了河南,成为黄河以南最大的一股势力。

三

劣势翻转

战略家的算计

    曹操给自己选择了正确的地方发展,在河南建立起稳固的根据地。因为曹操的战略目标与方针策略十分明确,实行起来坚定不移,所以在逐鹿中原的各支力量中脱颖而出,最早成功。建安三年(198 年),曹操打败吕布,基本控制住了河南,成为黄河以南最大的势力。

    河北方面,袁绍的主要对手并不来自区域内部,而来自外部的幽州,公孙瓒总体实力不强,袁绍的压力较小,可以按部就班地展开军事行动,稳扎稳打,夺取整个北方。正因为如此,袁绍的军队没有多少随机应变的作战经验,艰苦战斗的磨炼也较少,部队的整合度较低。这些问题在没有遇到强敌的时候看不出来。实际上,潜在的问题远比暴露出来的更危险,接下来袁绍同曹操的官渡之战将证明这一点。从统一的进程来看，占据优势的袁绍的进展反而比绝地求生的曹操慢，直至建安四年（199 年）才最终消灭幽州的公孙瓒，完成统一河北的目标，比曹操统一河南整整晚了一年。

等到袁绍统一河北，再观望全国的时候，发现形势不对了。本以为群雄混战的南方可以让人放心，不料众多山头竟然被曹操削平了。迅速上升的曹操显露出后来居上的发展趋势，对袁绍构成潜在的威胁，令他坐立不安，必须趁曹操羽毛未丰的时候，尽早予以扑灭，不能留下一个未来的强敌。于是，袁绍作出重大决定，把一场关乎生死存亡的战争强加于曹操。风向骤变，黑云压城城欲摧。

建安四年，袁绍甫定河北，未及修整，立即调转刀锋，集中全力挥师南下，打算一举消灭曹操，从而爆发了三国时期具有标志性意义的三大战役之官渡之战。

昔日的盟友成为今日你死我活的对手，事先没有任何征兆，也没有合理的演变过程，然而它却真真实实地降临，没有任何躲避的余地。这固然是飞来横祸，却也是挑战和磨砺，对于任何做大事业的人，乃至群体、民族和国家来说，都必须面对。古话说得好："是福不是祸，是祸躲不过。"属于你应该得到的好东西，你得去争取；属于你必须承担的风险和危机，想躲是躲不了的。变局来临，只有直面而上，勇敢应对。所以，尽管曹操百般不情愿，极力拖延这个时刻的来临，但是，这不是居于劣势的人能够自由选择的，如同我在开篇词里所说，人总是在别人设定的场域和条件下从事活动。曹操只有一个选择,挺起腰杆,走上战场。

这里先来评估一下双方的形势。袁绍拥有安定的河北,平定公孙瓒后又拿下幽州,后方稳固。而且,袁绍占有良好的地理形势,北面依托阴山和燕山山脉,西面靠着太行山脉,东有渤海,南临黄河,腹地辽阔,物产丰富,没有遭受中原的兵燹战火,社会相对稳定,粮草充足,地广兵多,加上四面没有强敌威胁,这在当时无疑是上上之地。

和袁绍相比,曹操的情况乏善可陈,所占领的河南区域地狭平敞,无险可守。自东汉末年以来一再遭受腐败政治与凶残军阀的蹂躏,一波又一波的战乱,像割草机一般割来割去,割得遍地尸首,鲜有人烟。本来盛产粮食的田地上杂草丛生,连四处抢掠的军队都吃不上饭。而且,中原缺乏良马,故曹操的骑兵远逊于袁绍。

在无险可守的平原上,用步兵抵挡骑兵的冲击,兵种的劣势显而易见。如果说这一劣势可以通过军队的训练、整合度,以及坚韧不拔的战斗作风去弥补,那么,更加致命的要害是粮食短缺。兵种决定战争的形态,粮草则决定战争的可持续性。曹操在这两方面都处于严重的劣势。再加上军队数量的巨大差距,曹操真可谓危如累卵。

不仅如此,曹操的周围布满了虎视眈眈想趁火打劫的敌人。西面有盘踞关中的马腾、韩遂,本来就同曹操不和,现在等着捡便宜。东南方面有旧敌袁术,更有觊觎中原的孙策,图谋袭击曹操的都城许昌,劫取汉献帝。南面相当于曹操柔软腹部的荆州，盘踞着刘表。他和袁绍同为清流领袖人物，关系亲密，南北呼应，完全有可能策应袁绍，进攻曹操。

综合曹操面对的内外形势，简直是命悬一线，在劫难逃。这就是袁绍执意要拼尽全力一举铲除曹操的决策依据。

大战已经无可回避，双方将进入各方面的精算。《孙子兵法》开篇第一段就讲："兵者，国之大事，死生之地，存亡之道，不可不察也。"告诫人们战争是最需要慎重对待的事情，决定着国家与民族的生死存亡，不能不认真思考和掂量。当战争不可避免的时候，首先要做的是冷静下来，进行综合分析与计算。算得越精细、越全面、越深入的人，胜利的可能性越大。正所谓"未战而庙算胜者，得算多也；未战而庙算不胜者，得算少也；多算胜，少算不胜，而况于无算乎"。孙子教导人们观察哪一方进行的计算更加客观深入，就可以知道谁的胜面更大。胜利是通过精算与谋划去争取的，而不是靠激昂的呼喊和自我吹嘘赢得，更不能把胜利寄托于侥幸，这世界上没有如此便宜取巧之事。靠运气赢来的东西，终将因本事输回去，甚至连本带利，输得精光。

那么，最重要的计算要算什么呢？一般的分析家会看重双方的硬条件，比如军队的数量、兵种、武器、粮草、内外形势等。这些方面几乎是明摆着的，谁都能够看到。尤其在现代侦查条件下，双方几乎都是透明的，没有多少玩弄花招的余地，越来越要靠真正的实力取胜。如果只算硬条件，那么如上所述，曹操处于完全的劣势，简直不成为对手，只有投降的

份了。当时曹操阵营的孔融,这位以神童著称的谋士,就是
这么认为的,所以他赶着去找曹操的军师荀彧,力主在开战
前投降,至少可以折个价变卖,免得被打败后连条件都没
得谈。

实际上,实力是综合而成的,除了众人明察的硬条件外,
还有至关重要的软实力,必须给予高度的重视。孙子最重视
的就是这些要素,他指出:"故经之以五事,校之以计,而索其
情:一曰道,二曰天,三曰地,四曰将,五曰法。"亦即首先要
从上述五个方面开始计算。

第一"道",亦即团结力,是否具备上下一心同赴生死的
凝聚力。如果内部危机重重,各种矛盾交织在一起,犹如坐
在火山之上,靠什么与外敌作战呢?国家、民族、军队不能紧
密团结,万众一心,那么,从一开始就必输无疑。

第二"天",孙子认为具体包括阴阳、寒暑、时制,亦即时
空条件。在什么样的气候条件下、在什么地方作战,涵盖了
季节天气和战场的选择,后勤补给线的远近等,这些因素稍
有疏忽就有可能招致意想不到的失败。官渡之战的胜利,与
曹操的精准计算密切相关,占有了天时、地利、人和的有利条
件。同一个曹操却在赤壁之战遭受重大挫折,原因也在于
此:拥有压倒性优势兵力后疏于计算,在秋冬季节与周瑜、
刘备对峙于长江两岸,潮湿阴冷的南方气候使得北方军队水
土不服,彻骨的寒冷引起痢疾流行,结果打了败仗。历史教
训告诫人们,没有人能够无视客观条件,为所欲为,即使占尽

优势，同样要为骄傲和张狂付出代价。

第三"地"，指的是地利，诸如战场的远近，地形的险易，作战区域的广狭，处于死地还是生地等，都需要非常细致反复地研究。翻阅古今名将的传记，发现他们有一个共同点，就是痴迷于收集和研究地图，这显然是军事生涯形成的职业特点。常胜将军不但把地图研究得滚瓜烂熟，而且经常要亲临实地、认真观察。选好战场对作战影响很大，曹操选择官渡作为阻击袁绍的主战场，已经占尽了地利。

第四"将"，考察的是作战双方的统帅，乃至战场上的高级指挥员。战争是双方统帅心智、性格和人品的较量，这方面往往不易察知，难以把握，却极其重要，决定着战争的走向、进程乃至胜负。要观察将帅的哪些方面呢？孙子提出智、信、仁、勇、严五个方面：谁更有智慧；谁信誉度更高；谁对国民和官兵更加仁慈关爱；谁更加果敢英勇；谁治军更加严明。一个好的领导人，他的严明建立在仁慈的基础之上，才能获得众人的信服和爱戴，令行禁止才能得到真正的贯彻，而不是慑于淫威下的机械执行，甚至表面敷衍。这其实也反映出统帅的人格与魅力。孙子对于统帅的五条标准，在历史上一再得到验证。当年刘邦惨淡迁入汉中，处于最低潮的时候，韩信向他分析将来的胜负走势，让刘邦用勇、悍、仁、强四条同项羽进行对比，看看孰优孰劣。这四条同孙子上述五条异曲同工，韩信通过双方统帅的对比，得出刘邦最终夺取胜利的预判，并且得到了事实的检验。作为最高统帅，必须具备两大优长：一是强大的凝聚力，善于团结绝大多数人，具有鼓舞上下万众一心的号召力；二是有视死如归的坚定意志和勇往直前的气魄。

第五"法"，指的是军队与国家治理是否公平、公正、严格依法办事，不徇私情。依据法律和制度整治的军队，才能真正做到纪律严明，作风优良，坚韧不拔，一往无前。

根据这五条，需要对双方的七个方面进行比较：

第一，哪方统帅更有道；第二，哪方将领更有能力；第三，哪方更得天时地利；第四，哪方法令更严明；第五，哪方兵力更强大；第六，哪方士卒训练得更好；第七，哪方赏罚更分明。

孙子认为从这七个方面就可以预料到谁能获得胜利。显而易见，孙子十分重视战前的分析计算，把战争作为一门极其冷静的技艺，容不得丝毫的马虎，算得不准乃至根本没有算到，很可能直接招致失败。要算到并且算准，对双方各种因素的评估和计算必须真实且客观，敢于自揭短处，承认敌人的优点。要算到对方所有的优势，还要算到己方所有的弱点，看清对方的优势才能做好准备，看清自己的弱点才能防得住。宁可高估对手，绝不可以犯轻视敌人的错误。如果只算自己的优势，而算敌人的弱势，那么这场战争从一开始就输定了。孙子一再强调"知彼知己"，这是做决策时最重要的基础。基础不牢，地动山摇。

谋略

　　形势分析和综合实力的评估如此重要，交战的双方无疑都会在战前进行研讨，这是完全不能跳过的环节。然而，分析和评估的正确性取决于是否真正做到客观真实，是否尽量排除主观意志和感情因素的干扰。

　　袁绍和曹操双方的最高统帅部是如何展开战前评估的呢？先从人才济济的袁绍方面说起。

　　为什么袁绍方面人才汇聚呢？道理很简单，因为河北最安定，袁绍作为清流领袖具有文化号召力，实力也最强大。水往低处流，人往高处走。大凡强大且文化环境好的国家或者单位，人才会往那里聚集。反过来，能够强大者必定人才济济。事业是人才作出来的，人才是发展之本。所以观察一方势力兴盛或者衰落的关键点，就看人才的流向。袁绍因为东汉末年朝廷动乱而获得大批人才,因而强大起来。如果人才向外散去,则一定是大衰败的表现。

关于人才的重要性,汉高祖刘邦看得非常透彻。想当年刘邦首先进入咸阳,推翻秦朝统治,无疑立下首功。而且,反秦义军分兵出击的时候曾经做过约定:先入关者为王。刘邦先入关,理应为王。然而,项羽凭借手中压倒性的军事实力,不容分说突入关中,刘邦还得低下头前去参加备受屈辱的鸿门宴,赔罪认错。真不明白刘邦何错之有,项羽对在哪里?这是实力决定的严酷政治现实。可是,谁能想到四年之后,取得最终胜利的不是项羽,而是刘邦。为什么呢?这个问题关乎国家治理的基本方针,事关重大。

刘邦胜利后组织大臣们讨论这个问题。下面颂声四起,刘邦并没有飘飘然,而是不以为然地说出自己内心深刻的思考:我们之所以最终取胜,是因为我们有三个杰出人物在,那就是最伟大的战略家张良、最伟大的行政专家萧何,以及最伟大的军事家韩信。因为得到了这三个人,所以我们取得了天下。这个总结确立了汉朝尊重人才、发展文化的国家方向,才催生出帝制中国的第一个盛世。

在这里如此浓墨重彩地阐述人才的极端重要性,是因为官渡之战实际上也是双方人才智慧的对决。

袁绍阵营有一群文韬武略、才智过人的谋臣和武将,他们如何分析双方的利弊形势呢?袁绍是这场战役的始作俑者,急于在曹操羽毛未丰之前将其彻底铲除,所以他夸大己方优势在所难免，可以不论。他手下的谋士是如何作想的呢？

赞同和反对的人都有，关键是他们如何分析形势。《三国志》给后人留下十分珍贵的讨论记录。袁绍谋臣沮授和田丰提出了反对的意见，主要理由有这么几条：

第一，部队能不能战？袁绍的部队在建安四年（199年），亦即发动官渡之战这一年的三月，经过旷日持久的攻坚战，好不容易消灭公孙瓒，攻克幽州。这固然是一个重要的胜利，让袁绍完全控制了冀州、幽州、青州和并州，囊括河北之地，没有后顾之忧。但是，冬季野外作战，军队已经十分疲惫。或许有人会说胜利之师士气高昂，应该连续作战，再接再厉。然而，连续作战需要有支撑条件，不是随便说说便可做到，况且接下来作战的对象不是被打败的敌军，而是全新的对手。曹操军队治军严明，步调一致，法令如山，决非公孙瓒部下能比。有鉴于此，更不应该贸然发动战争。沮授的建议是己方师老兵疲，应该休整，等待并积极创造有利的机会再发起进攻。

第二，支撑条件是否充实？河北经过一场大战，物资消耗很大，府库空虚。更加严峻的是连年动乱，社会遭受了极大的破坏；战争频仍，赋役繁重，农民不堪其负。所以，沮授主张休养民力，让百姓喘喘气，让农民种种田，也让部队充实装备，制造车船，做好各方面的准备。

第三，师出何名？战争是巨大的破坏行为，将会带来惨烈的社会伤害，应是穷尽手段后的最后选择，所以必须有充足的正当理由,才能够获得广泛的响应和支持。《礼记·檀弓》说:"师必有名。"《孙子》也十分重视战争的正义性,比起赤裸裸的利益争夺,战争的正义性才能够最大程度地鼓舞士气,凝聚人心,号召天下。战争最大的力量源泉在于社会大众。历史一再证明,军事征服和暴力政权从来都不可持续。沮授对此有十分深刻的认识,指出:"盖救乱诛暴,谓之义兵;恃众凭强,谓之骄兵。兵义无敌,骄者先灭。"[①] 如今凭什么讨伐曹操呢?就因为要趁他羽毛未丰而动手,这如何说服天下人呢?岂不是恃众凭强的骄兵吗?骄兵必败,这是兵书上一再申明的道理。况且曹操迎纳天子,定都于许昌,讨伐他有悖道义。

沮授从战争的正义性、支撑战争的军队、物资和民众等具体条件出发,认为不应该仓促发动战争。袁绍拥有很大的军事优势,内部稳定,可谓立于不败之地,完全可以扬长避短,从容不迫,步步进逼,削弱曹操,待到敌人衰竭时再给予致命一击,根本不需要如此冒险,"弃万安之术,而兴无名之兵"[②]。历史上孤注一掷铤而走险的往往是劣势一方。

袁绍的其他谋臣自然也有不少反对沮授的意见,以审配和郭图为代表。郭图逐条反驳沮授:

第一,兵力优势。袁绍地跨河朔,兵多将广。兵书说十倍于敌的兵力可以打歼灭战,五倍于敌的兵力可以打包围战。我方占据绝对的兵力优势,现在不讨伐曹操,将来就难办了。

第二，道义优势。周武王讨伐商纣王，被赞颂为正义之师，那么，我们讨伐曹操怎么就师出无名了呢？现在全军上下士气高昂，摩拳擦掌，人人思奋，不早定大业，可就失策了。吴王夫差饶了越王勾践而败亡，越王勾践绝不留情而称霸。上天把这么好的机会给了我们，如果不能抓住便会遭殃。

第三，领袖优势。袁绍英明神勇，所向无敌。

不难看出，郭图所论全是空话连篇的自吹自擂。自己已经承认是趁曹操羽毛未丰之际消灭之，哪有什么道义优势？如何就能同武王伐纣相提并论呢？至于全军士气高昂等，都是大话。在做分析的时候大量使用形容词粉饰，然后加上自我政治正确的武断，不容分说，便可知道是在掩饰弱点，自己给自己打气壮胆。越没有本事的人越容易把问题看轻，越没有底气的人越喜欢自我吹嘘，在自欺欺人的气氛中轻率采取行动，企图通过冒险求得侥幸成功。这种人主导事情的进程，处在弱势时会碰得头破血流，居于强势时会把一手好牌打烂。内心虚弱和自卑，会特别渴望夸大其词的吹捧。所以，郭图的第三条理由特别能够感动袁绍，让他深受鼓舞而血脉贲张，自我感觉是天神下凡，战无不胜。至于郭图，是智商真就如此，还是曲意迎合，不得而知。如是前者，则袁绍用人失察；如是后者，则袁绍身边奸佞成群。

消灭曹操是袁绍集团一致的意见，不存在主战派或者反战派。所不同者是如何行动。袁绍急于求成，看到的仅是己方的优势，可以不论。沮授一方主张缓战，除了反对立即开

战外,有没有具体的良策呢?沮授建议:

第一,充分运用河北局势稳固的优势,稳坐钓鱼台,不断派遣精锐骑兵侵扰河南,攻略曹操边疆,蚕食渐进,令其不得安宁,军队疲于应付,农民难以耕作,以逸待劳,预计三年左右可以拖垮对手。

第二,把平定幽州的功绩上奏朝廷,请求封赏。曹操若加阻拦,便有了欺君之罪的理由,我们可以师出有名,讨伐叛逆奸臣,进军河南。

沮授的招数直击曹操的要害,让曹操最为担忧。可是,在袁绍看来,这些招数太过迂缓,而且缺乏轰轰烈烈的感觉,无以显现他气吞山河的英雄伟绩。所以,袁绍否决了沮授的建议,决定出动全部精锐一举消灭曹操。

存在不同意见十分正常,会采纳哪一种意见则是主帅作出的判断。不同的人会有不同的抉择,反映其性格、认识、眼光,并须承担不可推诿的责任。每个人都通过自己的抉择书写自己的命运。从袁绍的决定可以看出三个问题:

第一,袁绍刚愎自用,喜欢部下拍马逢迎,被平定公孙瓒的胜利冲昏头脑,用自我夸大取代冷静的客观分析,把评估会开成歌颂会,偏听偏信。

第二,袁绍性格轻率而不沉稳,专看己方长处和敌方短处,急于求成。

第三,袁绍统辖决断力差,听到不合心意的意见便上纲上线，把冷静视为不忠，竟然怀疑起沮授来。既然怀疑，可以不用沮授，他却采用糟糕的处理办法，分沮授监军之权，将部队分成三部，由沮授、审配和淳于琼三人各领一军。把关系不睦、意见各异的将领硬凑在一起，要想作战时紧密协同岂非难事？从后面官渡之战的进程来看，袁绍的军队呈现出各自为战的局面，可见其统辖整合能力低下，结果被曹操各个击破。

官渡之战在战前评估双方态势的"庙算"阶段，袁绍一方已经失算。

曹操阵营的情况如何呢？同样存在不同意见。被袁绍强大军力震慑住的是幼时以神童著称的谋士孔融。

孔融名气很大，哪怕到今日，"孔融让梨"的故事也家喻户晓。这位神童背负着孔子后裔的巨大光环，哪怕有一点出彩的地方都会被放大夸奖，远近传颂。他确实头脑聪颖，口齿伶俐，得理不饶人，那副机灵气很讨东汉末年清流士人的喜欢。清流派在朝廷的领袖人物李膺经常招待名流在家中聚会，人品和才情的门槛很高，多少人想方设法都挤不进去。一旦获邀参加，等于获得了社会清誉的证书，出来后奔走相告，身价陡增，故被称作"登龙门"。在这个名流荟萃之地，年尚童稚的孔融却是常客，而且总爱在满座高朋中夸夸其谈。有位长辈提醒他谦虚点，趁着年少多读书，告诫他小时候显聪明，往往长大后不甚了了。孔融一听，立刻反唇相讥道：您小时候一定很聪明。反应之快，满堂惊叹。这样的才俊自然被曹操延揽在身边,备作顾问。

孔融看到的是袁绍在军力、兵种、粮草、内外形势等各个方面相比曹军拥有压倒性的优势,显而易见,开战没有胜算。与其如此,不如趁着尚未开战,可以作价投降,争取到有利的条件;一旦开战,失败方就没有谈判的筹码,只能听凭胜者发落。所以,投降是曹军最好的选择。有这种想法的绝对不是孔融一个人,大多数文臣武将都是如此,只是不敢说出来。这从曹军前线将领暗中给袁绍写信诉苦求情一事即可获证。

孔融不敢直接跟曹操说,便跑去同曹操的谋士荀彧商谈,把自己的担忧和方案摆了出来,还指出袁绍阵营人才济济,有田丰、许攸等智谋之士,聪明绝顶;有审配、逢纪等尽忠之臣,勤于职守;有颜良、文丑等勇猛将军,名震天下,咱们拿什么与之匹敌?因此,这场仗输定了,趁早投降是上策。

孔融说的不是事实吗?在看得见的双方硬条件方面都没有错。然而,战争如果仅仅根据呈现出来的表面条件就能确定胜负,那么,大致都不会发生。实际上,决定战争胜负的因素非常复杂,能见人所未见才是真正的高人。

曹操阵营里有好几位把问题看得透彻的人物,最具有代表性的当为荀彧。面对找上门来的孔融,他安慰道:不用担忧,袁绍阵营问题多多。第一,兵虽多却法令不严;第二,部下貌合神离,各行其是。田丰固执犯上,许攸贪婪无度。审配专断无谋,逢纪刚愎自用,这两个人将留守后方,如果许攸家人犯法,一定不会被轻饶,则许攸必然生变。至于颜良和文丑，不过匹夫之勇，可以一战而擒。

荀彧的这段分析堪称神知鬼觉，在历史上熠熠生辉，成为谋略家的典范。曹军正是基于这个认识勾画对策、把握作战的节奏，把战前预判一步步演变为现实过程，几乎不差毫厘。在曹操几乎粮草断绝、濒临崩溃的危急关头，荀彧仍然坚持要曹操拼死坚守阵地，一步都不后退。很多人看不懂为什么要全军死守一条守不住的战线，只能解释为坚持就是胜利。这恐怕是极大的误解，或者是自作聪明的强作解。坚持未必胜利，坚持错误只能通向失败。显然荀彧要求的坚守已经超出军事意义，他准确地预料到袁绍阵营内部必将发生权力倾轧和内讧，那时就将迎来胜利的曙光。如其预料，官渡之战就在许攸临阵叛变的那一刻云开雾散，上演了戏剧性大逆转的一幕。原来荀彧要守的不是阵地，而是袁绍阵营内部的分裂，为此赌上全军的命运，可谓料事如神，令人钦佩不已。这绝不是一场任性的豪赌，而是根据精准的算度，从田丰力谏袁绍勿战而遭囚禁一事符合荀彧战前的分析和预判，可见一斑。甚至可以说官渡之战的进程完全处在荀彧的预料之中。有这样的谋略家在，何愁不胜？曹军的战前分析和袁绍方面相比，判若云泥。

当然，官渡之战的胜利并非荀彧一人的天才所致，曹操与其身边谋士有着高度的共识。在袁绍平定公孙瓒的时候，曹操已经预见到袁绍将发起对自己的战争，并且估算出袁绍出兵的规模，③做好了心理准备。面对袁绍大兵压境，曹操部将心生畏惧,认为己方无法与之对抗。这时候曹操安抚众将道:不必害怕,我深知袁绍的为人,志向远大却智慧不足,声色严厉却胆小畏惧,量小忌讳且缺少威严,兵力众多却分划不明,将领骄傲而政令不一。因此,他的疆域虽广,粮食虽多,都将成为我们的东西。④ 由此可知曹操本人对于这场战争具备充足的信心。

曹操对于袁绍的评论,是不是自我壮胆的不实之词呢?显然不是。如前所述,曹操曾经是袁绍领导的反董联军中的一员,之前还一起在东汉西园新军里共事过。身居上位的世家子袁绍看不起曹操,所以缺乏对曹操的深入观察。相反,居于下位的曹操则十分留意袁绍的一举一动,对其性格把握得十分准确。对于对手性格和心理素质的把握,将对双方的较量产生非常重大的影响,甚至说是关键性的影响亦不为过。在此不由得想起韩信拜将之后对刘邦所作的前景评估,指出刘邦终将战胜项羽的根本原因是其性格及为人处世。前面讲到荀彧对于战争进程与前景的预判,也着重于对将帅性格的分析。

战争在很大程度上是双方统帅的心智较量,而这不同于兵力粮草一般显而易见的表面条件,属于不易觉察和把握的决定性软实力。真正的战略家历来高度重视软实力,《孙子》讲"庙算"的时候就十分强调对"将"的评估,并将其视为决定战争胜负的要因。在人的世界里,不积极评价人的因素,却一味盯着物的条件,实乃皮毛浅见。曹操一方的谋士无不将人的因素放在第一位。荀彧在战前面见曹操，两人深入对谈，荀彧指出己方胜利的四大要因，说道：

> 古之成败者，诚有其才，虽弱必强，苟非其人，虽强易弱，刘、项之存亡，足以观矣。今与公争天下者，唯袁绍尔。
>
> 绍貌外宽而内忌，任人而疑其心，公明达不拘，唯才所宜，此度胜也。
>
> 绍迟重少决，失在后机，公能断大事，应变无方，此谋胜也。
>
> 绍御军宽缓，法令不立，士卒虽众，其实难用，公法令既明，赏罚必行，士卒虽寡，皆争致死，此武胜也。
>
> 绍凭世资，从容饰智，以收名誉，故士之寡能好问者多归之，公以至仁待人，推诚心不为虚美，行己谨俭，而与有功者无所恡惜，故天下忠正效实之士咸愿为用，此德胜也。
>
> 夫以四胜辅天子，扶义征伐，谁敢不从？绍之强其何能为！⑤

荀彧对人的观察深入而细致，具体到"度、谋、武、德"四个方面，逐一同袁绍作比较，帮助曹操确立起必胜的信心。

曹操的另一谋士贾诩同样重视对人物性情的把握。他在官渡之战最危急的时刻,鼓励曹操坚持到底,不可后退半步,指出曹操优于袁绍的四个方面:"明胜绍,勇胜绍,用人胜绍,决机胜绍。"⑥亦即在"明、勇、用人、决机"四个方面完胜袁绍,所以一定能够取得胜利。而且,这场对决最多半年即可见分晓,如果时机到来,则可瞬间获胜。贾诩和荀彧可谓英雄所见略同,他们也都知道在坚守什么,深信转机会到来。结果亦如其所料。

注重人的因素是抓住了根本的方面,诚如荀彧所言,强弱、胜负、成败都是可以相互转换的,实现转换的关键在人,尤其在最高核心集体,得人则虽弱必强,无人则虽强易弱。揆诸古今,这一条不但没有任何弱化,而且益加显得重要。古代社会的工具简单,进步缓慢,因此,人的因素更多表现在眼光、决断、领导力等软实力方面。现代社会的进步依赖于材料、技术、创造性思维,这些要素通过工具表现出来,所以人的要素通过物的形式表现出来,设备的背后则是科学技术,是人的创造性思维。在软、硬实力的各个方面,人的因素无处不在。看不到这一点,见物不见人,必将招致失败。所以,从一个人看重什么,可以知道他的境界、格局和能够成就的高度。四年多的楚汉战争,项羽对阵刘邦,屡战屡胜,却在垓下决战中自刎乌江。项羽临死前很不服气,怨恨地呼喊道:"此天之亡我,非战之罪也。"⑦刘邦如何看待这场胜利呢?他并没有自吹自擂,而是召集文臣武将进行总结,指出最重要的原因是获得了张良、萧何、韩信三位人才。刘邦和项羽胜败的道理，尽在其中。

自古以来，以识人为难。要看懂袁绍并不容易。袁绍出身于世家名门，有很好的学养，谈吐不俗，举止优雅，年纪轻轻就脱颖而出，以俊秀英才博得四方赞誉，声名显赫，成为北方清流领袖。许多年轻士人冲着他的声誉前来投奔，无比敬仰，宛如众星捧月。当感情压倒理智的时候，人就是盲目的，所以产生那么多的"粉丝"和崇拜者。在这种氛围之中，人会不由自主地被潮流卷入其中，很少有人能够在狂热中冷静思考。荀彧的过人之处恰在凡事理性对待，用心观察，外不受舆情左右，内不因感情而盲目。他比对袁绍的语言和行动，看出名不副实的实情。袁绍表面上豁达大度，实际上外宽而内忌，心胸狭隘，容不下能人；水平不高，却希望别人对他顶礼膜拜；自信心不足，对人颇多猜忌；礼法家教让他循规蹈矩，家族特权又令其肆意妄为；内心欲望膨胀，外表谦和有礼；平日有权力依傍，看什么事情都易如反掌，缺乏周密思考，行动轻率；真正遇到大事则束手无策，推诿责任，拿部下做替罪羊；喜好吹捧，说大话充气魄，沽名钓誉，博得喝彩；内心空虚，胆小没定力，文过饰非，道貌岸然；先天性格属于色厉内荏，后天环境养成优柔寡断，活脱脱一个特权子弟的品性。轻率浮夸又胆小的人，亢奋起来容易轻举妄动，急于求成，不知者以为是壮举，明白人看破是盲动。

和袁绍相比，曹操似乎更容易看懂。曹操虽说出自权门，却不受清流名士待见，自幼顽皮淘气，经受过不少风雨考验,敢作敢为;家规不严,放浪不羁;性格豪放,勇于担责;胆大心细,虑事周详。少年时不守规矩,呼啸乡里,名声不佳。说是官宦子弟,却常常混迹民间,饮酒似鲸,交友如鲫,追逐风月,破坏礼法,以至于朝野纷传他发动赤壁之战是为了抢夺江东美女"二乔"。战争加美女一直是古人谈论的话题,唐朝诗人杜牧信以为真,写下"东风不与周郎便,铜雀春深锁二乔"的诗句,把传闻铸成诗篇。当激情涌起之时,曹操横槊赋诗,举杯长诵,醉眼望天。"秋风萧瑟,洪波涌起。日月之行,若出其中;星汉灿烂,若出其里。幸甚至哉,歌以咏志";"对酒当歌,人生几何";"老骥伏枥,志在千里"。一个真性情的人物跃然而出,带着几分门阀贵胄嗤之以鼻的俗气和匪气。作为辅弼,荀彧在同曹操的交往中感觉到他的胸怀豁达,交友待人颇为体贴。比如,曹操经营河南,与张邈激战失利,部下毕谌母亲被张邈虏获,曹操获悉后立即告知毕谌,劝他转投张邈,保全母亲性命。又如,刘备被吕布打败后投奔曹操,谋士认为刘备是个反复小人,纷纷劝曹操杀了他。曹操回应道,天下纷乱,正是用人之际,不可杀一人而失天下之心。曹操的胸怀和知人善任,非等闲可比。临阵对决时的随机应变,大胆果断,在当时群雄之中,无与伦比。眼光、胸怀和决断力三者,是作为领袖必须具备的品质,也是曹操身边的谋士在极其危难的官渡之战中坚定看好曹操的必胜信心所在。荀彧等人没有看错,曹操的深谋远虑与当机立断像一面镜子,将袁绍的赌气轻率与优柔寡断照得原形毕露,铸就了一场以弱胜强的经典战例。

《孙子》极其重视帅才，因为"将熊熊一窝"。荀彧在很大程度上基于对袁绍性情和行动模式的深刻了解，才准确预判了官渡之战的进程和结局。

除了上述主帅对比的要因之外，曹操阵营坚定对抗袁绍的重要支持条件，正是沮授所担心的战争正义性。袁绍讨伐曹操不但师出无名，而且是犯上作乱。因为曹操挟天子以令诸侯，代表着朝廷，而袁绍则是汉臣，曹操可以用朝廷的名义征讨袁绍，袁绍却做不到。仅凭军事优势讨伐曹操就变成推翻朝廷的叛乱。政治的合法性和战争的正义性都拽在曹操手里。

此前董卓裹挟天子西迁失败后，汉献帝流落地方风雨飘零，智谋之士不约而同地认识到掌控汉献帝的重要性，袁绍阵营的沮授、田丰，曹操阵营的荀彧等人分别向各自的主公提出举兵匡救，赶快把汉献帝掌控在自己手里。袁绍和曹操的反应截然相反，袁绍和众多短视之人一般见识，视汉献帝为腐败的象征，弃之如敝屣，哪里肯费力迎来供养，俯首朝拜。曹操则一眼看到汉献帝背后的巨大价值，不论他衰落到何等地步，只要汉朝没有被推翻，那么汉献帝就是政治合法性的象征；只要把汉献帝拽在手心里，充当傀儡，那么自己就可以代表朝廷号令天下，具有正统的权威。所以，曹操十分敏捷地派兵驱逐挟持汉献帝的军阀，把汉献帝迎接到许昌，重建朝廷，因功受封为武平侯、大将军、节钺录尚书事，掌控朝廷军政大权，真可谓化腐朽为神奇，把汉献帝玩弄得煞有介事，几乎变成自己的化身。这时候袁绍才体会到汉献帝的好用,追悔莫及。那么,袁绍如何处理这件事情呢? 他完全依仗军事优势,要求曹操把都城迁到靠近自己的鄄城(今山东菏泽)。曹操当然明白袁绍欲图抢夺汉献帝的用心,一方面予以拒绝,另一方面则用朝廷的名义封袁绍为徒有虚名的太尉,在朝廷权力秩序中位于自己之下。袁绍遭此戏弄,拒不接受。于是曹操让出自己的大将军职位,转封给袁绍,显出自己的高风亮节。朝廷在曹操的地盘许昌,不管封给袁绍什么高官要职,他能来就任吗? 袁绍只有怒火中烧、捶胸顿足的份。

围绕迎接汉献帝一事,可以看出袁绍的两个致命弱点:第一是悟性差,见事迟。第二是迷信实力,应对鲁莽。还可以看出他的性格及应对模式:失机而悔,悔辄转怒,怒则盲动。争夺汉献帝的事件上是如此,官渡之战的指挥过程中亦是如此。

袁绍的谋士充分认识到王朝正统与政治合法性的重要性,所以沮授从一开始就提出“师出有名”的问题。值得注意的是,袁绍从未谈及此事,可知他对此缺乏认识,只相信硬实力。遇到这种主公,沮授只能迂回地加以指点,提出向朝廷上奏平定幽州捷报的建议。这一招很厉害,认同捷报等于把幽州授予袁绍,曹操肯定不能答应。如果按下不表,则袁绍可以公开指责曹操奸臣当道,欺君瞒上,趁机揭穿曹操的傀儡戏,号召天下群起而征伐。显然,沮授的建议是破解曹操挟天子以令诸侯的高招,用意深刻。然而,理性的智慧撞上刚愎自用的唯权力论者,只能是对牛弹琴。

政治合法性与道德制高点是博弈双方必须尽全力争夺的要害，比任何具体问题更具有号召力与说服力，从而获得居高临下的巨大优势。沮授在袁绍的战前谋划会议上碰壁，已经预感到大事不妙，回去对家人说道："夫势在则威无不加，势亡则不保一身，哀哉！"古人所谓的"势"，就是这里所论的政治合法性与道德制高点。很多人达不到这种高度，难以理解。沮授的家人质疑他，认为袁绍拥有压倒性的军事优势，有什么可怕的呢？沮授只好说破道："以曹兖州之明略，又挟天子以为资，我虽克公孙，众实疲弊，而将骄主汰，军之破败，在此举也。"⑧直接挑明了四大败因：一、帅不如人；二、师出无名；三、军队疲惫；四、将帅骄怠。缺乏政治合法性始终是他最为担忧的问题。"势亡则不保一身"，沮授知其不可为而不得不为，故散家财于宗族，颇似当年的河北侠士荆轲，"风萧萧兮易水寒，壮士一去兮不复还"。

袁绍不愿意费力争夺政治合法性，更愿意做快速见效的事情。沮授给曹操设的陷阱，袁绍视为迂缓。他的办法更为直接，找来著名的写手陈琳，写下讨伐曹操的檄文，极尽造谣辱骂之能事，丑化抹黑曹操，自我吹擂神化，写得言辞犀利，气势如虹，淋漓酣畅，与唐朝骆宾王的《为徐敬业讨武曌檄》并为载诸史册的名篇。然而，这类文章除了宣泄情绪之外，并没有改变任何战争的态势。骂街是弱者所为，功效无非解气壮胆，或是掩饰短处。

陈琳的檄文形容消灭曹操易如反掌，"若举炎火以焫飞蓬,覆沧海而沃燻炭,有何不消灭者哉?"让袁绍飘了起来。然而,他的谋士并没有都陶醉在画饼之中。田丰对形势也看得很清楚,十分担忧,尽力劝阻这场军事冒险,希望袁绍能够冷静下来,悬崖勒马。田丰列出不宜动武的理由,指出曹操善于用兵,变化多端,故其兵力虽少却不容轻视;同时还根据河北山河稳固、人户众多的优势,建议袁绍外结英雄,内修农战,挑选精锐作为奇兵,寻觅曹操空虚之处出击,扰乱河南。曹操若救其右则攻其左,救左则攻其右,令其疲于奔命,百姓无法安心生产。如此则我方不费力,敌方已经困蹙不堪,用不了两年就可以轻松打败曹操。如果放弃安稳之策,把胜负寄托于一场决战,不能成功则追悔莫及。

田丰扬长避短、以逸击劳的用兵战略,和沮授提出的方案完全一致,这是聪明的强者理应采取的战略。疲敌、弱敌,待敌人不支时给予致命一击,风险小,把握大,即使战况不利,于己也无损,但需要有耐心和定力。前已论及,袁绍认为自己拥有的压倒性军事优势足以一举消灭曹操,压根就没想到会战败,他需要的是一场轰轰烈烈的胜利。所以,他断然拒绝了田丰的建议。[9]

到了这个地步,没有人敢再劝阻刚愎自用的袁绍,河北的大军浩荡出征了。

曹军的探子把沮授和田丰的意见被否决的消息报回来,曹操大喜,他最担心的就是他们的战略,现在心头那块大石落地了,喜形于色地说道:"绍必败矣。"即使到官渡之战尘埃落定、袁绍溃逃之后，曹操还念着这件事，说道："如果袁绍用田丰的计策，结果不得而知啊！"

弃万安良策，赌一时胜负，举轻敌骄狂之师，攻谋虑详备之敌，官渡之战从谋划走向实战。

注释：

①② 陈寿撰，裴松之注：《三国志》卷六《魏书六·董二袁刘传第六》，第 196 页注。

③《三国志》注引孙盛评论记载："案魏武谓崔琰曰'昨案贵州户籍，可得三十万众'。"参见陈寿撰，裴松之注：《三国志》卷六《魏书六·董二袁刘传第六》，第 196 页注。

④ 陈寿撰，裴松之注：《三国志》卷一《魏书一·武帝纪第一》，第 17 页注。

⑤ 同上，第 313 页。

⑥ 同上，第 330 页。

⑦ 司马迁：《史记》卷七《项羽本纪第七》，第 334 页。

⑧ 陈寿撰，裴松之注：《三国志》卷六《魏书六·董二袁刘传第六》，第 199—200 页注。

⑨《三国志》中关于田丰的劝谏及入狱时间的记载比较混乱，在田丰上述建议后记载："绍怒甚，以为沮众，械系之。"似乎战前讨论会上田丰就被打入牢中。实际并非如此，故此略加梳理。首先上述以逸击劳的用兵建议，是在"初，（袁）绍之南也，田丰说绍曰……"，亦即在起兵的决策之时。其次，袁绍大举出兵时，"以审配、逢纪统军事，田丰、荀谌、许攸为谋主，颜良、文丑为将率，简精卒十万，骑万匹，将攻许"。田丰为军中谋主之一。故后面有田丰建议袁绍响应刘备叛变的主张。再次，随后在颜良、文丑被曹军斩杀后，田丰再度力谏袁绍，这时"（袁）绍不从。丰恳谏，绍怒甚，以为沮众，械系之"。最后，袁绍在官渡战败，逃回路上想起田丰的谏言，自觉无颜以对，遂派人斩杀田丰。参见陈寿撰，裴松之注：《三国志》卷六《魏书六·董二袁刘传第六》，第 195、200 页。

布阵

建安四年（199 年）夏秋之际，袁绍率大军出征，拉开了官渡之战的大幕。双方调兵遣将，排兵布阵。对于袁绍一方而言，首先要确定的是作战方针、主攻方向，从而决定兵力配置和阵势。

袁绍已经决定以优势兵力碾压曹操，自然采取积极求战的方针，企图通过大决战一举消灭曹操，故而选择了最短也最为直接的进军路线，从邺城出发直捣许昌。

根据这一作战方针，袁绍集中大约十万精锐部队，加上骑兵万余，计划从黄河中游，取道黎阳（今河南浚县）、白马（今河南滑县）、延津（今河南延津），亦即从今河南郑州地段集中突破，决战官渡，击溃曹军，攻占曹军都城许昌。

选择这条行军路线，直线距离最短，力量集中，突击有

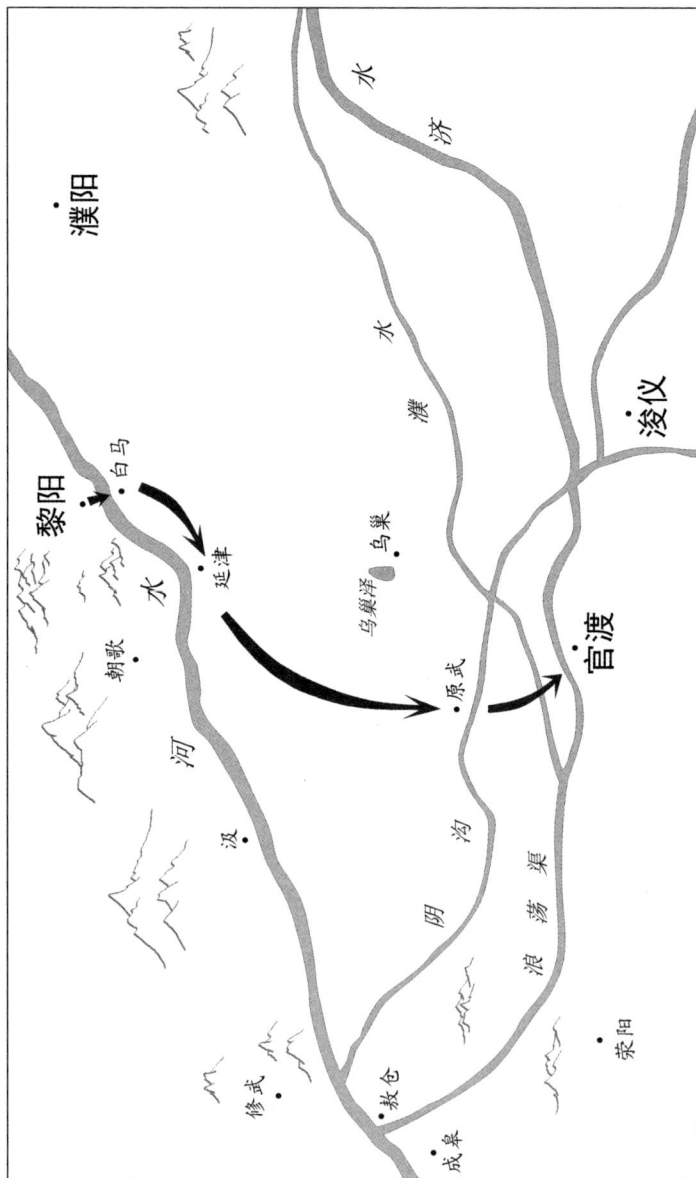

图 2　袁绍行军路线示意图

力,可以在最短的时间内给予敌人毁灭性的打击。当然,这只是袁绍一厢情愿的想法,前提是一定能够战胜敌军。所以,这个作战方案既是最有力的,也是最冒险的,完全符合袁绍骄傲轻敌的想法。无能者总把事情想象得易如反掌,轻率者则把孤注一掷视为大胆出奇。

这个方案最严重的问题在哪里呢?在于让敌方得以扬长避短,化不利为有利。这究竟是怎么回事呢?诚如老子所谓的福祸相倚,事物从来都有两个方面。袁绍最希望的迅速有力的打击方案,却让曹操得以收缩战线,集中兵力进行防御。从官渡之战中曹操投入的兵力来看,在三万人以内。有些记载说不足万人,显然不实。曹军同袁军的兵力比,大约是1∶4。不足三万人的兵力难以进行宽面的防御。所以,如果袁绍把战线的正面拉宽,那么曹操将防不胜防。正因为袁绍采取了点的突破方针,曹操得以进行窄面的纵深防御,从而有效地阻挡住袁绍的攻势。

其次,这条进军路线,要通过黄河的泛滥区。黄河从吕梁山的狭窄山地咆哮奔腾而出,进入河南平原后再无崇山峻岭限制,得以恣肆徜徉,河床变宽,且择低地分流,形成中原的黄河水系。每年冰雪溶解、雨水充沛的丰水期,黄河水势滔滔,淹没周边地区,在地势卑下的南面形成广大的黄泛区。袁绍选择的进军路线正是这样的地带。从黄河郑州段南下,河流众多,必须通过阴沟水、濮水和济水,这些河流构成了宽阔的湿地,水草丛生,重装备难以顺利通过,不利于大兵团展开作战。所以，袁绍军队数量上的优势在此受到自然地理条件的严重限制而被抵消。

敌方的劣势便是己方的优势。这一带的地形河流纵横，使得军队难以大规模展开，收窄了防御的面，把曹军兵力不足的劣势给弥补了。精通兵法的曹操弃守黄河，让自己的防御面进一步缩小，兵力更加集中。他把防御的中心战场选在了官渡。

官渡位于从郑州到许昌途中的中牟县，是袁军南下的必争之地。比起防守黄河，官渡的正面更加狭窄。其北面有官渡水，构成地势上的屏障，东面有中牟泽，西面有圃田泽，三面环水，一下子把北面开口压缩到东西正面宽仅数里、南北长约 20 里的狭长地带。而且其外延地形也有利于防守，东面是鸿沟水，西面为浪荡渠，再往西便进入山地。所以，官渡是黄河至许昌之间绝佳的防御阵地。对于交战的双方而言，选择战场至关重要。主动选择的一方一定会挑选对自己最好的地形，处于有利的态势，以逸待劳。《孙子·虚实篇》说："凡先处战地而待敌者佚，后处战地而趋战者劳。故善战者，致人而不致于人。"曹操在面对强敌猛烈攻势的时候，沉着冷静，抢先挑选官渡作为主战场，深合兵法之要，争取到主动权。

官渡的实际情况对于袁军更加不利。官渡地多沙丘，官渡水和阴沟水的交汇处，堤多、流缓、河宽，大面积的湿地积泥数尺，葭苇茂密，步兵行进诸多不便。中牟泽和圃田泽构成又宽又深的水网地带,圃田泽内更有二十四浦,浦水盛大时,溢流北注,遍地泥泞。北方军队不习水战,行船乃其所短,他们擅长在平原地带摆成阵势,成规模推进,配上迅猛凶悍的骑兵冲锋,突破敌军防御,将其冲击得七零八落再分别消灭。然而,官渡的地理环境几乎就是他们的天然克星,所有的战术特长都被克制住,难以施展。相反,曹军的弱点却得到弥补,其北而南的扇状地形,让曹军坚守的正面宛如喇叭口,获得后方多点的支援,相互构成掎角之势;一旦捕捉到战机,即可短促突击,快进快退,聚散分合,灵活机动。概言之,官渡利于守而不利于攻,利于步战而不利于步骑协同的大兵团作战。

陷袁军于不利境地的并不是曹操的高明诱敌,而是袁绍决胜的作战方针。曹操只是在袁绍确定的攻击路线上找到最有利于自己的战场。所以,最大的问题是这条进军路线选错了,进而言之,则是袁绍的作战方针过于轻率盲动。战略统领战术,不要指望用高明的战术去挽救战略的错误,即使救得了一时也救不了一世。战略方针错了,必将导致步步失误。刚愎自用的袁绍反应迟钝,完全没有认识到自己的错误,其阵营也没有纠正错误的机制。因此,他们将用自己的错误来成就曹操的高明。

选择官渡作为中心防御阵地,曹操的排兵布阵方略也就清晰起来,从黄河到许昌构筑三道防线,进行纵深防御。

第一道防线目的在于把守黄河渡口,阻滞敌军南下,争取在前哨战挫折敌军锐气。曹操令于禁率步骑两千防御延津至原武一线，刘延率部防守白马。

第二道防线是官渡主阵地，曹操亲自坐镇，统辖张辽、徐晃、乐进、曹洪诸将，以及荀攸、贾诩、郭嘉等一众谋士。

第三道防线设在许昌，由侍中兼中书令荀彧镇守，同时负责后勤事务，稳定大后方。

以官渡至许昌为中心，两翼展开。

左翼布置四支兵马：

一、魏种守河内（今河南沁阳），防止袁军从并州南下，同时威胁袁军大后方的右翼。

二、夏侯惇守敖仓和孟津（今河南孟州）。

三、蔡阳屯驻叶县，防备黄巾刘辟、龚都。

四、李通、满宠屯驻汝南，防备孙策。

右翼布置三支兵马：

一、琅琊相臧霸率部进入青州，攻下齐（今山东临淄）和北海（今山东寿光），牵制袁军东下。

二、刘备与朱灵去徐州阻击袁术北上，防止二袁合流。

三、程昱守鄄城（今山东菏泽）。

至此，曹操完成了排兵布阵。

在另一条战线上，曹操也颇有斩获，如愿以偿。如前所

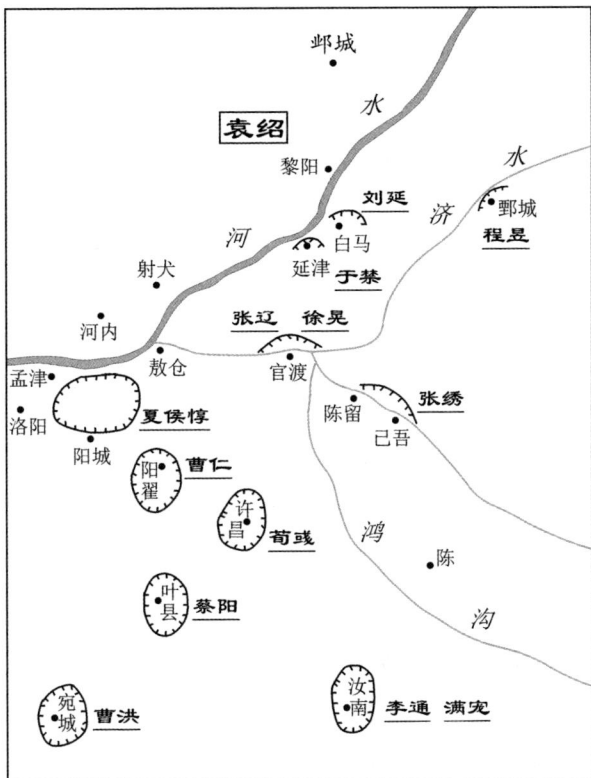

图 3　曹操部署示意图

述，曹操出身的宦官家庭，让他背负很多骂名，招致许多政敌，可以说几乎没有什么盟友。袁绍的情况正相反，顶着世家大族、清流领袖的名头，很有号召力。战争从来都不是单纯的军事问题，而是各种因素的综合。袁绍在河北军事上没有对手，在全国还有不少仰慕他的实力人物，诸如荆州的刘表，和他同是清流名士，同气相投。而且，还有一些新崛起的豪杰、军阀，例如江东的孙策，关中的韩遂、马腾等，都想借助袁绍的声望。所以，在袁绍与曹操大决战的紧要关头，这些人都是其潜在的盟友。而且，他们也想趁机攻击曹操，捞取便宜。居于劣势的曹操可谓屋漏偏逢连夜雨，雪上加霜。

然而，袁绍太自以为是了，求胜心切，没有把争取盟友的事情放在重要位置上。如果同沮授一再劝谏的"师出无名"联系起来，袁绍的傲慢和失策便更加显眼。对于如此重要的问题，曹操方面则丝毫不敢怠慢。如何破解四面受敌的局面？荀彧给曹操出谋划策，提出平定山东、安抚关中的策略。因为从山东到河南乃平敞之地，威胁巨大；关中则隔着吕梁山和太行山脉，暂可无虞。如何安抚潜在的敌人呢？这时候汉献帝与朝廷就起到了至关重要的作用。曹操根据荀彧的建议，派遣钟繇携带朝廷的封赏，笼络西部最大的势力韩遂和马腾，稳住了关中。曹操非常清醒，深知争取周边势力成为盟友很不现实，费金而徒劳，因此只要能够争取他们在曹袁大战中保持中立，就是最大的成就。曹操做到了，分寸拿捏得恰到好处，充分利用了手中掌握的朝廷这张王牌，让潜在的敌人尝到甜头，又使得他们缺乏军事介入的理由。对于各个势力而言，只要没有直接的重大利益冲突，谁都不愿意轻易挑战朝廷的正统合法性。

军事部署尘埃落定，政治博弈也告一段落。当各方都保持中立的时候，袁绍作为清流领袖的政治号召力消失了，形势变得越发单纯而清晰，官渡之战纯粹是袁绍和曹操双方的事情，从政治秩序上来说，是河北地方挑战中央朝廷的战争。

袁绍坐失良机

如果战争都理性地按照双方的实力条件进行，那么十有八九不会发生，因为胜负早已在沙盘上分出来了，谁也不会自寻死路。所以，理性的分析和冷静的应对，都是为了迎接无法计算的变数。正因为决定胜负的因素变幻莫测，所以才有那么多的人愿意去拼，去赌，赴汤蹈火，不成功便成仁。这些难以捉摸的变数，可能是人为的，也可能是自然的，突然间从什么地方冒出来，无人知晓。难怪人们总说形势比人强，千变万化，称之为机会，甚至命运。

机会从来都是公平的，它照顾到每个人，并不偏袒。就在曹操和袁绍双方紧锣密鼓部署备战的时候，一个完胜的机会从天而降，赐给了袁绍。

这到底是怎么回事呢？原来曹操的军力实在不足，哪怕袁绍的进军路线让他得以收缩防线,仍然严重不足,只好借用所有能够调动的力量,于是想起了刘备。

刘备在《三国演义》里被塑造成为仁慈厚道的象征,同史书的记载落差甚大。他原在河北涿郡市场上卖草席,文化程度可想而知。后来纠集了市场上杀狗推车之人结成团伙,参与镇压黄巾起事,从此踏入政坛,在河北山东一带惨淡经营,先后挑战了袁绍、袁术、曹操、吕布等当时最强大或者最彪悍的势力,勇气可嘉,战绩悲催,每次都被打得溃不成军,抛弃妻儿,落荒而逃。关云长千里走单骑,赵子龙乱军救阿斗,都是舍命保护陷落于敌阵的刘备妻儿的故事,看来做刘备的妻儿不容易。问题是刘备屡败屡战却没有获得好名声,这又是为什么呢?我们看看他的经历,他挑战袁绍,却从心底里仰慕袁绍;曹操救过他,他却鄙视曹操;众人皆知吕布专事卖父求荣,他却同吕布结盟。真不知道如何理解这个人。一直到"隆中对"获得诸葛亮的点拨为止,刘备的前半生可以总结为在错误的时间、错误的地点挑战错误的人,故而一事无成,惊心动魄数载,全是白忙。

刘备曾经为了徐州牧陶谦同曹操大打出手。陶谦死后,刘备得到徐州,担心自己镇不住,曾经想转让给袁绍,被孔融等人劝阻。刘备便想到了骁勇的吕布,延揽其至麾下。吕布以背信弃义闻名于世,果然很快背叛刘备,夺取徐州。刘备走投无路,投靠曹操。曹操不但力排众议收留了他,还出兵攻下徐州,夺回刘备的妻儿交还给他。应该说曹操有恩于刘备。汉唐仍是崇尚人情义理的时代，人与人之间推重恩义然诺。官渡之战正激烈的时候，曹操放关羽去河北投向敌人阵营，即可见当时社会风气之一斑。曹操帮助刘备家庭团圆仅数月，袁绍就发动了官渡之战。从时间上看，曹操对于刘备的情分尚温，酒酣耳热，刘备应该会念着这份情吧。当时曹操面临着泰山压顶的危难，兵力严重不足，在官渡一线布防都感到吃力，还得防备袁绍从东面迂回进攻。刘备曾经是徐州之主，熟悉情况，可以助自己一臂之力。即使刘备怀有异志，也不至于立即背叛，在最危难的关头来捅刀。至少也应该报了曹操这份恩情之后再分道扬镳，这是做人起码的道义。或许这是曹操一厢情愿的想法，也是他在无兵可用的情势下百般无奈的选择，只能放手一赌。

当然，刘备可以不认这份情，说曹操攻打徐州也是出于自身的利益。自古以来的同盟，必须双方的利益一致才能长久，要求某一方毫无利益，甚至遭受损失而为另一方赴汤蹈火，才算作情谊或者帮助，否则统统不认账，这无疑是极端自私自利的想法，反而被刘备当作忘恩负义的借口。这种人的政治道路必定越走越窄。《论语·里仁》说："德不孤，必有邻。"反过来说，四邻交恶，孤立无助，必定道义有亏。刘备从起家到沦落于长阪，事业越做越小，盟友一个也没有，该不该深刻反思呢？他自己没想明白，诸葛亮帮他指了出来，他才开始有所醒悟，事业也随着反思而重新起步，但为时已晚，机会所剩不多。三国之中，刘备事业最小，蜀国灭亡最早，道理尽在其中。

徐州距离主战场官渡相当遥远,不在袁绍进军的路线上,无关紧要。但是,作战必须排除四面八方可能介入的突然因素,需要警戒或者监视。只要徐州有人把守,淮南的袁术、江东的孙策就不容易趁虚而入。刘备担负的就是帮助曹操望风警戒的任务。曹操的谋士从刘备来投之日就很不看好他,认为他完全靠不住,甚至劝说曹操杀了他。在这种情况下曹操还用他,可知当时曹操兵力何等紧张,处于死马当作活马医的窘境。这也从另一方面证明袁绍没有听从谋士劝告,拉开战线,多点进攻,是何等的失策!

刘备到了徐州,马上就背叛曹操。刘备到底是怎么想的,不得而知。有两点可以窥知一斑。首先是出自社会最下层的刘备对于世族名士袁绍的自卑与仰慕。当年陶谦把徐州转让给刘备的时候,刘备因为袁绍名气大,门第高,提出把徐州献给袁绍的动议,被同为世族名士的孔融嘲笑而作罢。其实刘备对袁绍并无多少了解,却始终慕名崇拜,而对于宦官家庭出来的实力人物曹操一直持鄙视态度,反映出来的正是刘备自幼卑微而产生的根深蒂固的自卑心理。一有机会,他自觉或者不自觉地就想攀附名望,从众从俗。他追随的人大多是徒有虚名的名士,从最初的陶谦,到袁绍、刘表,属于孔融鄙夷的"冢中枯骨"之类。① 相反,他轻视家世不够高贵的创业者,如曹操、孙氏父子等,虚荣心甚炽。其次,文化水平限制了他的眼光,令他看到的多为表面现象。就官渡之战呈现出来的表象而言，袁绍拥有压倒性的军事优势，胜利似乎没有悬念。虚荣心的支撑是功利，急功近利者必定短视。刘备显然认定袁绍必胜，故而毫无愧疚地出卖了曹操，而不是为了匡扶汉室这般自我标榜的理由。如果是为了匡扶汉室，他可以脱离曹操而自立，竖起兴汉灭曹的旗帜，伸张政治正义。刘备并没有这样做，而是立即投向摈弃汉室的袁绍，表明他的转向完全是为了追逐功利。

刘备的叛变对于曹操是致命性的。因为他把曹操阵营内部的实情、军队布防等最重要的情报出卖给了袁绍。带着这些情报，刘备建议袁绍立即改变进攻方向，从门户洞开的徐州往东打，这一路无险可守，地势平实，有利于北方步骑大兵团快速推进。中国历史上决定性的大决战，此前韩信消灭项羽的垓下之战，乃至现代的淮海战役，都是从徐州往东打，在安徽、河南地区全歼敌军。这条进攻路线对于曹操最为不利，更何况曹操要重新布防也来不及了。刘备此举等于从曹操的柔软腹部往心脏捅刀。机会突如其来，胜利的大门似乎已经向袁绍敞开了。

有没有机会是一回事，能不能抓住机会则是另一回事。所以，机会来临未必意味着成功，改变命运的瞬间有多少被白白错过。官渡之战第一个几乎意味着完胜的机会被袁绍束之高阁。他接到刘备火急传来的里应外合的报告，竟然不知所措，没有在第一时间作出响应。同时接到这一情报的袁绍谋士田丰，眼睛发亮，认为是天赐良机，赶忙去见袁绍，建议抓住曹操出兵平叛、阵势露出破绽的大好机会,立即从曹操后部发动猛攻,东西夹击,令其无法首尾两全。刘备的叛变逼迫曹操不得不张开紧紧收缩的防线,兵力不足的劣势全部暴露出来,难以抵挡具有压倒性兵力优势的敌军冲击,防线一旦被撕破,距离黄河不远的许昌马上处于兵锋之下,曹军恐将全线溃败。然而,大出田丰意料之外的是,袁绍竟然以儿子生病为理由,拒绝了他的建议。不管田丰怎么说,袁绍就是不同意。田丰失望、痛惜,扼腕叹息,走出来的时候,遏制不住情绪,用手杖击打地板,悲愤道:"遇到如此难得的机会,竟然因为儿子生病而放弃,可惜啊!"②

　　袁绍的反应确实难以理解。《三国志》的记载可信吗?是否在贬损袁绍呢? 在没有新的确凿证据的情况下,不应随意怀疑正史记载。时隔一千多年后的怀疑或者推理,可信度更低。如果采用《三国志》的记载,我们倒应该好好思考袁绍为什么放弃大好机会呢? 作为指挥过多场战争、经历颇多政治风浪的袁绍,智商和经验不容低估,也不可能真的因为儿子生病而拒绝作战。乱世枭雄从来不会把家内事务放在事业之上,儿子生病只可能是借口,必定另有原因。第一种可能性是坐山观虎斗,让曹操同刘备拼得两败俱伤,自己再出手,坐收渔翁之利。第二种可能性是不敢相信刘备的叛变是真的。毕竟曹操才救了刘备的灾厄,双方关系正好,无故翻脸实在让人怀疑。曹操多诈,该不会是曹刘设下的圈套吧?所以,不妨等事态进一步明朗后再做取舍。

　　这两种可能性都存在。从袁绍的表现来看，第二种可能性颇大。因为袁绍虽然没有立即发动大规模攻势夹击曹操，但袁军还是从黄河正面战场发起了攻击。只是攻击的力度不大，被曹军轻易抵挡住，没有产生多少作用。根据这一情况判断，袁军属于试探性进攻，显然还是对于刘备是否真的叛变吃不准，不敢发起强大的攻势。

　　《三国志》作者陈寿评价袁绍说"外宽内忌，好谋无决，有才而不能用，闻善而不能纳"[③]，相当中肯。优柔寡断的人为什么总是抓不住机会呢？因为所谓的"机会"一般有两个特性：第一，风险大；第二，稍纵即逝。如果没有什么风险，而且经常存在，那就不是"机会"，而是"常态"了。想等事态明朗，也就是降低风险，机会就消失了。偏偏战争就是一场心智的对赌，袁绍的性格"好谋无决"，不敢担责，没有勇气面对失败的后果，其表现形态一定是平时吹嘘，遇事求稳。这就是典型的无能之辈。这种人当领袖，再遇上乱世变局，真是天大的不幸，在劫难逃。荀彧战前认定曹军胜利的重要依据，就是袁绍优柔寡断的性格，在整个官渡之战过程中一再得到验证，真可谓料敌如神。

　　刘备在曹操的天灵盖上方开了天窗，曹操方面如何应对呢？最初排兵布阵的时候，曹操派遣刘备去守卫徐州，前脚才出发，谋士程昱和郭嘉知悉后立刻预感到不妙，警告说刘备靠不住，会临阵叛变。曹操不是不知道，而是兵力实在太紧张，不得已才出此下策，手心攥着冷汗豪赌一把，同时密切观察，胸中想好了救急预案。刘备果然叛变，留给曹操进行危机处理的时间则少之又少。

曹操立即派出刘岱和王忠前往镇压。这是一步高招，看出曹操对于刘备的性格十分了解，而且早有预案。刘岱、王忠出发后，曹操对身边谋士说出了内心真实的计划：刘岱和王忠不是刘备的对手，必定战败，刘备获胜后放心而松懈，绝对预料不到曹操会亲率大军转眼而至，措手不及，这场叛乱将被迅速平定。亦即曹操将亲率主力部队悄悄跟在刘岱、王忠后面，东征徐州。

这是一步更加凶险之棋，左右听罢急忙劝阻，指出正面的防线已经力不从心了，大敌当前，怎能抽调主力去进攻相对次要的徐州之敌呢？正面一旦空虚，袁绍趁势猛攻，我们可就全线崩溃了。所以应该先把刘备放一放，全力以赴应付袁绍。这当然是凡人的想法，绝非高手的卓见。因为徐州的战略位置十分重要，只要袁绍意识到这一点，调转进攻方向，自东向西席卷而来，曹操就更难抵挡。然而，徐州城池坚固，曹操曾经久攻不下，领教过其厉害，所以决不能把平定刘备打成徐州攻坚战，时间不允许，袁绍也不会给他这个机会。只要徐州在敌人手中，曹操就输定了。

那么能不能让其他将领去呢？曹操说不行，因为刘备最有本事，除了曹操本人之外，手下没有人能够赢得了他。曹操这个人从不会轻敌，不久之前，曹操把刘备带回朝中，为他请封加赏，把酒言欢。曹操曾经让刘备说说天下有哪几位算得上是英雄，刘备历数各大雄豪，曹操尽皆摇头，最后说天下英雄唯有我和使君，让刘备当场惊掉了手中匕箸。可知曹操心中对于刘备的才能评价甚高。曹操的超强之处在于对敌人的了解入木三分，甚至比本人还清楚。他对袁绍、刘备、刘表、张鲁、孙权等人的策略，无不建立在对他们性格的深刻了解之上，故拿捏精准，未曾失手。刘备斗不过曹操，自有道理。

曹操必须亲自去徐州平叛，那么官渡防线空虚势在必然。作为核心防御之地，如果袁绍在这时发动总攻，曹操防线将溃在一旦。也就是说，失去徐州，曹操缓败；失去官渡，曹操速败，结果都是败。要在这个夹缝中找到活路，只能去赌。赌什么呢？赌袁绍优柔寡断之性格造成的时间差。所以，曹操对谋士说，袁绍这个人我太清楚了，优柔寡断，看不清形势绝不敢出手；等他看清形势，我已经从徐州前线胜利归来，他也就没有机会了。所以，我们一定要关掉徐州这扇门。从曹操身上让人领略到什么是出类拔萃的军事家：力挽狂澜的出奇制胜，基于精准的算度，而不是轻狂的蛮干。曹操的分析得到谋士郭嘉的支持，鼓励道："袁绍为人多疑，行动必定迟缓。"曹操坚定了信心，像旋风一般驰往徐州。

整个事态的发展果如曹操所料，刘备见到刘岱和王忠率数百人前来镇压，似乎受到羞辱，忿恨曹操不把自己放在眼里，痛下狠手，打得刘岱、王忠一败涂地，给个颜色让曹操下回懂得尊重自己。然而，刘备部队还没来得及庆功休整，

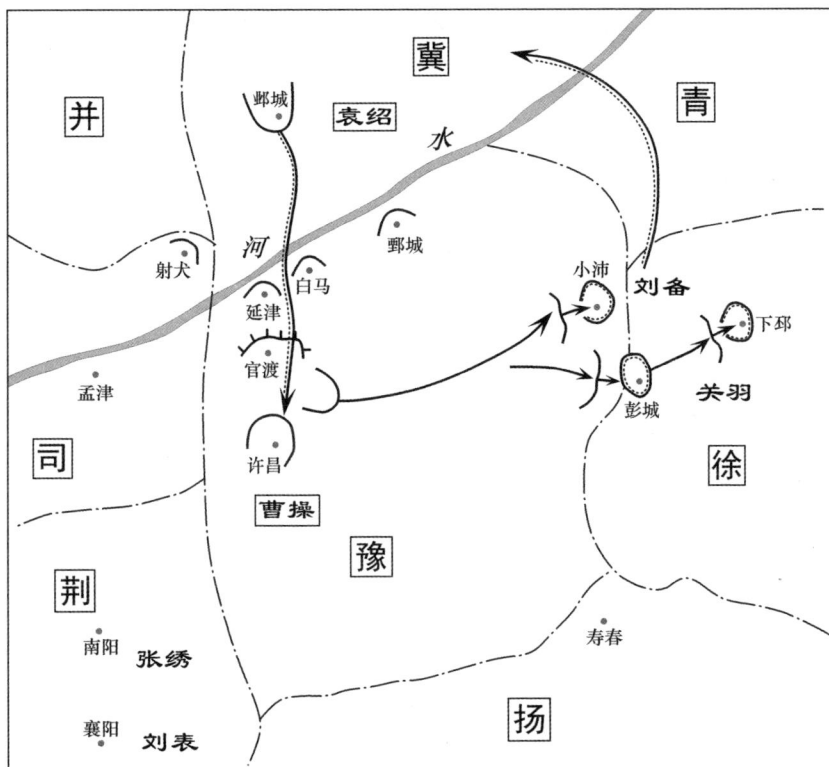

图 4　官渡决战前曹操击破刘备之战示意图

曹操大军掩至，刘备措手不及，被各个击破，自己落荒而逃，投往河北袁绍，妻儿被曹操虏获；关羽困守下邳，被逼投降；张飞不知下落。真是鸡飞蛋打，作鸟兽散。

　　曹操胜利回师，袁绍这才确信刘备真的叛乱了，上天给他的第一个完胜机会就这样付之东流。这时候，无能者的性格再次显露出来，懊恼和追悔会让他激愤起来，恼羞成怒，鲁莽行动。遇到机会踌躇，失去机会蛮干，袁绍下达了进攻的命令，官渡之战就这样在机会逸失的悔恨中开幕。以闹剧开场，将以什么形式收场呢？

注释：
① 陈寿撰，裴松之注：《三国志》卷三十二《蜀书二·先主传第二》，第 873 页。
② 陈寿撰，裴松之注：《三国志》卷六《魏书六·董二袁刘传第六》，第 197 页。
③ 同上，第 217 页。

初战

袁绍在机会突然降临的时刻疑神疑鬼不敢决断,确认失去机会后恼羞成怒,决定立即发动攻势,试图挽回颜面,挽回机会,获得主动权。这种马后炮的举动实际上是鲁莽和轻率的另一种表现形式。

建安五年(200 年)二月,袁军推进至黎阳,命令河北名将颜良和郭图、淳于琼渡过黄河,进攻白马守军刘延。颜良名气很大,得到袁绍的青睐,委以重任。可是,沮授不以为然。出兵前,沮授专门为此劝阻袁绍,说颜良性格急躁,眼界狭窄,不可以独当一面。尤其不可用在初战,因为初战的胜负直接影响士气。袁绍不听,坚持任用颜良。

曹操得到颜良进攻白马的急报,立即前往增援。谋士荀攸献了一条计策,指出曹军兵力单薄,不足以挫败敌军的进攻，因此，曹操应该北上奔往延津渡口，作出渡河攻击袁军后方大本营的态势，以逼迫袁绍分兵把守。待敌人把拳头张开的时候，迅速奔袭白马，消灭这股突出的敌军。曹操依计而行，声东击西，果然让集中的敌军分散开来，曹操亲自率骑兵攻击白马，犹如神兵自天而降。颜良完全没有料到，在没有准备的情况下遭受突然袭击，不但军队溃败，自己也被处在曹营的关羽斩首于阵中。

这一仗打出了气势，却更加激怒了袁绍，袁绍不相信曹操真有本事打败颜良，认为不过是偷袭而已，极不服气，没有多想，立即命令另一河北名将文丑悉点精兵反攻，狠狠教训曹操。

曹操得手之后，预料到袁绍必将反扑。他没有驻防白马，而是带着白马的军民沿着黄河撤退。曹操放弃白马，显然是因为军力不足，不能分兵，所以坚持集中兵力机动作战的方针，积极调动敌军，让敌人追着自己打。携白马百姓撤退就是诱敌之计，用迟缓的后撤引诱敌人追击。袁军果然落入圈套。为了不让曹操跑掉，文丑步骑全速前进，马蹄动地，烟尘四起。曹操退到延津南面山坡地，选好了战场，构筑营垒，密切观察敌情。瞭望哨报告看到五六百骑兵追来，曹操按兵不动；再报大队骑兵逼近，后面跟随大批步兵，曹操命令自己的骑兵下马，解开马鞍，放开马匹，再把辎重推到路中。左右将领颇感惊惧，劝曹操赶快退入营垒里面。曹操无动于衷，倒是谋士荀攸看出来了，告诉诸将这是诱饵，不可退去。

袁军越逼越近。看清楚带兵的是文丑和刘备，诸将催促曹操上马，曹操说不急。一直等到敌军冲上坡道，一些兵卒扑向辎重，曹操这才传令全体上马突击，虽然只有五百多骑，却像一把无比锋利的刀锋直刺咽喉，所到之处，如狂飙掠过，所向披靡。文丑尚在惊愕中已经被击斩于马下。袁绍麾下两大名将颜良和文丑，竟然在如此之短的时间内先后被斩杀于阵前，整个袁军震动了。曹操初战大捷，士气高昂。

取得如此辉煌战果的曹操冷静得出人意外，并没有顺势把防线向北推进到黄河南岸，而是毫不恋战，带着摩拳擦掌的部队迅速南撤至官渡，主动弃守黄河，收缩防线。显然曹操非常明白，这两次胜利对于提高士气十分重要，却没有改变敌强我弱的态势，真正的战斗还在后面，将十分艰苦而持久，必须把拳头攥得更紧，不能有丝毫的骄傲与懈怠。

连吃两场败仗，袁绍并没有停下来总结教训，而是全线推进，直接压向官渡，在黄泛区的泥沙地上构筑营垒，东西绵延数十里，无论如何都要攻下曹军的大营。袁绍怒火中烧，身边的谋士倒是看出问题来了，不打不相识，两场仗下来，证明曹军战斗力优于袁军。沮授进言道："北方兵多，不如南军刚强；南军缺粮，不如北军富庶；南军利在速战，北军利在持久。所以，我们应该采取持久战略，以时间取胜。"沮授击中了曹操的要害，那就是粮草严重不足，无法长期作战。

如果跳出官渡攻防战，从更加宽广的视野观察和思考如何对曹操作战，那么在领教了南军善战之后，更应该变换作战方针。谋士许攸提出不要专注于攻打官渡，应该在正面与曹军相持，另外派遣一支部队迂回攻打许昌，把汉献帝抢到手中，那么曹操势必溃败。

实际上，对于不应把全军压在官渡攻坚上，袁绍谋士的看法不约而同。袁绍令大军渡河时，沮授尽力劝谏，建议先让部分军队渡河，大部留屯延津，如果进攻得手再推进不迟。万一攻击失利，不至于大军退不出来。

这些建议统统被袁绍拒绝了。沮授望着滔滔黄河之水，悲从中来，长叹道："上盈其志，下务其功，悠悠黄河，吾其不反乎！"①领导人好大喜功，刚愎自用，手下急功近利，追逐业绩，这样的团队无不以惨败告终。沮授望着大部队踏上不归之路，回天乏术，称病相辞。个性刚强的田丰力谏不退，让袁绍感到面子受伤，一怒之下将他铐上枷锁，打入牢中。

初战失利，大将殒命；良策遭拒，谋士入狱，头脑发热的袁绍连连落入本可避开的陷阱。失败者身边从来也不乏高人，所有的问题全在于他会把高人的智商拉到自己的水平。袁绍怀着必胜的信念，重新开始孤注一掷的征战。

注释：
① 陈寿撰，裴松之注：《三国志》卷六《魏书六·董二袁刘传第六》，第 200 页注。

坚守待变

曹操把战线紧紧收缩在官渡,利用这里狭窄的泥沙地,筑垒死守。袁绍也把大军压了上来。曹操列阵,双方大战,实力的巨大差距如实反映出来。曹军不利,不得不退入壁垒。袁军顺势攻城,激烈的攻防战全面铺开。袁军把当时各种攻城的手段全都施展出来,背土堆山,架设高橹,居高临下地向曹军营垒射箭。曹军士卒都得在头顶上高举巨大的盾牌掩蔽,死伤累累,十分恐惧。曹操也使出手段,砍大树做成抛石车,飞石轰击,橹毁人亡。于是袁军挖掘地道,试图攻入营中。曹操则命令士兵在营内掘地做堑,迎头痛击。就这样你来我往,每日厮杀,尸横遍野。

日复一日,官渡岿然不动。这种乏味的攻城战最考验双方的意志,不断消耗实力,看哪方支撑不住先行倒下。几个月的战斗，曹军伤亡超过了30％，粮食的补给也越来越困难。时值八月，夏粮已经收割了，曹军却军粮不济，可知河南经过几年的战乱沦落到何等惨状。曹操多次派出部队袭击袁绍的运粮队，毁其辎重，试图逼迫袁绍退兵。但河北底子厚实，尽管外线作战的运输线很长，粮草还是不断运过来，丝毫不受影响。

随着时间的拖延，致命性的问题渐渐水落石出，攻防战正在演变为粮食战。曹军可以顽强坚守，可是一旦断粮，便会土崩瓦解。战事看不见尽头，仓储却一天天见底。《三国演义》绘声绘色地描写了曹操诱杀仓官的故事，说是粮食不足，仓官不得不减量放粮，引起官兵不满。仓官不知如何是好，忧心忡忡地向曹操禀报。曹操教他一招，换小斗足量放粮，不就能骗过将士了吗！仓官依计而行，官兵没有一个傻瓜，马上涌到仓库前抗议，眼看就要激成兵变了，曹操这才把仓官叫来，向他借用项上脑袋，将其斩首示众。曹操出来安抚官兵，大声宣布军中粮食充足，大家吃不饱都是因为仓官克扣贪污，竟敢用小斗放粮，人赃俱在，已经斩首以谢将士，大家放心回去，我们有的是粮食，努力作战吧！古人常说眼见为实，高明的骗子就利用这一条，让人上当了还坚信不疑，谁说不是眼见为诈呢？所以，仅凭经验去判断是非曲折，同样会落入陷阱，还到死都不明白。这折故事是真是假，无从证实。时代越古，历史传言的细节越丰富生动，添油加醋的成分也就越大。既然没有真凭实据，这里不做考证真伪的徒劳功夫,但可以确定一点,曹军已经接近山穷水尽。战争终究是综合实力的比拼,越是现代战争,越没有花头,想靠投机取巧获胜,十之八九要碰得头破血流。

曹操心里很清楚局势的严峻性,已经感到难以坚持了,悄悄地写信给留守许昌的荀彧,告诉他实情,征询他的意见,问他是不是把部队后撤到许昌。荀彧即刻回信,分析道:袁绍倾尽全力攻打官渡,逼您决战。您以至弱抵挡至强,如果守不住,一旦动摇,马上为敌所乘,将一败涂地。所以,您无论如何都要坚守到底!

守不住还要死守,困兽犹斗、玉石俱焚,只为了谱写可歌可泣的英雄赞歌吗?这似乎不是曹操和荀彧这等智者的水平。所以,他们到底在守什么呢?人说"坚持就是胜利",如果只要坚持就能胜利,世上没有比这更加轻巧的事情了。执拗地做错误的事、走错误的路,那不叫坚持,依其程度分别叫作固执己见、刚愎自用、冥顽不化。做正确的事,走正确的路,那么首先要明白坚持什么。从双方拥有的资源和实力来看,先被拖垮的只能是曹操,盲目坚守只有死路一条。

荀彧信中对曹操说:袁绍实际上只是凡人豪杰,能够聚拢人而不会用人。现在已经坚守半年多了,形势必将有变,正是出奇制胜之时,切不可错失机会。[1]显然,荀彧是在坚守待变。不是为了守到胜利,而是守到袁军发生变故。如前所述,战前分析时,荀彧已经指出袁绍阵营内部各自为政,各个争功邀赏的状况,预料到审配将留守后方,为了立威势必拿大贪官许攸开刀,逼使许攸叛变,那就是转机到来之时。现在果如荀彧所料,审配留守后方,所以,袁绍阵营发生内讧在所难免,只是时间问题。半年多过去了,变故即将到来,所以,咬紧牙关也要坚持到那一刻,否则前功尽弃。

曹操和荀彧,以及随军出征的谋士荀攸、贾诩等人都主张坚守,确信转机即将到来。他们知道自己在做什么,审时度势,全力以赴,尽人事以听天命,这才是智者的坚持,有胜利可期。

要来的终归会来。袁绍的后方终于传来电闪雷鸣,性急无威的审配镇不住后方,果然发起肃贪大狱,把人所共知的贪官许攸的家属逮捕入狱。审配敲山震虎,可山未震,虎先逃。

许攸在前线听说家人入狱,知道事情不妙,自己也无法幸免。三十六计走为上计,他立即潜出大营,跑到曹军壁垒下自报家门,请见曹操。变数出现了,袁绍的败局业已铸就。

注释:
① 参见陈寿撰,裴松之注:《三国志》卷一《魏书一·武帝纪第一》,第 20 页;卷十《魏书十·荀彧荀攸贾诩传第十》,第 314 页。

致命一击

　　听到许攸来投的禀报,曹操欣喜若狂,苦苦守候的运气终于如期而至,连鞋子都来不及穿,光着脚板冲了出来,把许攸迎入大帐,连声说道:"您来了,我大功告成啦。"倒是许攸非常冷静,问曹操还有多少粮食。一句话问到了要害,可见许攸对曹操的窘境有着准确的判断——袁绍的谋士丝毫不弱。曹操心头一惊,轻描淡写地回答没问题,还可以支撑一年左右。许攸摇头否定,让曹操再报个真实数目。曹操说还有半年的粮食。许攸看曹操不肯讲真话,直接挑明道:您是不想打败袁绍吗?为什么不肯说真话?曹操眼看无法隐瞒,只好告之实情:只剩一个月的粮食了,您看怎么办?果然都在预料之中,许攸这才说道:您孤军困守,外无救援,粮草将尽,已经到了危急时刻。袁绍有辎重一万多车,集中在乌巢一带,驻防部队戒备不严,您轻装袭击,出其不意,烧掉粮草,袁军不出三天便将溃败。曹操大喜，即刻点起五千精锐兵马，亲自率领，打着袁军的旗号，衔枚并进，踏夜疾驰而去。兵士背负薪柴，沿途遇到袁军盘问，谎称袁绍担心曹操偷袭后方，故派遣他们前去增援。他们就这样骗过一道道哨兵，深入敌后，直插乌巢大营。乌巢守将淳于琼曾经和袁绍、曹操同为东汉"西园八校尉"，资历颇深，骄傲自满，所部官兵懈怠松懒。淳于琼对于从天而降的曹军有点措手不及，但他凭借自己的资历，没把曹操放在眼里，不是凭借有利工事据守，而是出营接战，正中曹操下怀。曹操孤军深入，除了胜利再无活路，全军拼死奋进，淳于琼难以抵挡。

乌巢遭到曹军偷袭的情报很快送到袁绍手里。一向畏首畏尾的袁绍一改常态，没有倾尽全力前往救援，而是突发豪气，认为曹操精锐在乌巢，大营空虚，是绝好的进攻机会。他仅派出一部增援乌巢，却命令主力部队向曹操大营发起猛攻，意图端掉曹操老巢，来个全歼敌军的辉煌胜利。

袁绍的决定把全军置于不胜则亡的绝境，完全不是优势者所应冒的险。从决定发动官渡之战到救援乌巢的整个过程中，袁绍表现出十分矛盾的性格。每次遇到稳占胜机的时候便犹豫不动，坐失良机，却在不该冒险的时候拿命去赌，孤注一掷，把所有的优势推演成危机，还自鸣得意。

袁绍的增援部队赶到乌巢时，曹军尚未攻下粮仓，仿佛陷入前后受敌的绝境。但是，曹操看到袁军不多，便向全军下达总攻命令。曹军全体将士都明白，攻不下粮仓便会葬身于此,所以,袁绍的增援部队反而激励了曹军,令其奋勇争先,攻破淳于琼的防御,斩杀淳于琼等一干将领。曹军四下纵火,把袁军大粮仓全都点着,火光四起。从作战的过程来看,袁绍如果投入主力部队救援乌巢,曹操真的将会陷入绝境。即使不能拿下曹操,也不至于全军粮草化为灰烬。袁军的每一次失败,可谓都是人祸。

袁绍派出去攻打曹军大营的主力部队,由名将张郃和高览统率。张郃主张增援乌巢,向袁绍分析道:"曹军精锐,必定打败淳于琼,而乌巢失守,满盘皆输。"即使从军事角度看,《孙子》一再指出作战首先要立于不败之地,哪有把自己置于绝境去赌胜负的呢?况且是在己方占据优势和主动的情况之下。人到将败时,身边必定都是拍马溜须的小人。此前积极鼓动袁绍发动官渡之战的郭图又跳了出来,说道:"张郃的方案不对,我们应该攻打曹操的大本营,他只能回师救援,乌巢之围不攻自破。"张郃力争道:"曹操的大营非常坚固,肯定攻不下来。淳于琼一旦输了,我们都将成为曹军的俘虏。"袁绍内心里支持郭图,他采取了更为糟糕的下下策,就是只分出少量部队去增援乌巢,主力仍然攻打曹营。看似面面俱到,实则面面皆空。既然要赌,那就集中全力攻敌一点,志在必得。袁绍没有这种彪悍的性格,而是患得患失,采用哪一面都洒胡椒的做法。主帅没有破釜沉舟的必胜决心,手下有真本事的将领怎么会看不出来,也如何不知必遭灭顶之灾?更可怕的是郭图不仅仅顺着袁绍的心思溜须迎合,而且还惯于进谗言,对袁绍说张郃出言不逊,心怀二志,让袁军最具有军事才干的张郃心惊胆战。说真话而遭谗言陷害,这场仗无论胜负,张郃都没有好下场。所以,在出战的路上,张郃得到淳于琼战败的消息后,马上投降曹操。[①]后方粮仓陷落,前方主力降敌,占据优势的袁军竟然在转瞬之间大溃败,四面硝烟,根本搞不清敌人在哪里,局势一片混乱。袁绍完全无法控制部队,仓惶逃跑,连收拾营帐中的机要文件都顾不上,十分狼狈。这些机密落入曹操手中,对袁绍更是雪上加霜。

袁绍一路狂奔逃回河北,他最痛惜的不是伤亡惨重的部队,而是自己的面子;他不愤恨曹操,而是怨恼田丰;他本想用巨大的胜利来羞辱田丰,却竟然被田丰言中失败,情何以堪! 关在大牢里面的田丰,连狱卒都觉得冤枉。狱卒听到前方战败的消息,带着洗冤获救的心情悄悄告诉田丰,祝福他早日出狱。田丰听后要来一碗酒,给自己送行。他告诉狱卒:如果袁绍胜利了,自己还有生还的希望,现在只剩死路一条。如其所料,袁绍派人赶在前头杀掉田丰,给自己清道。不管战绩如何,没有人敢说穿便都是胜利,无人非议便永远正确。

从官渡之战的酝酿到整个作战过程,始终头脑清醒的沮授深度参与。在袁军大溃败之际,他陷于乱军之中,被曹军俘虏。这场仗让他输得不服气。每一个重要的时刻,他都发出了精准的警告,一再提醒袁绍,哪怕到最后的保卫后勤运

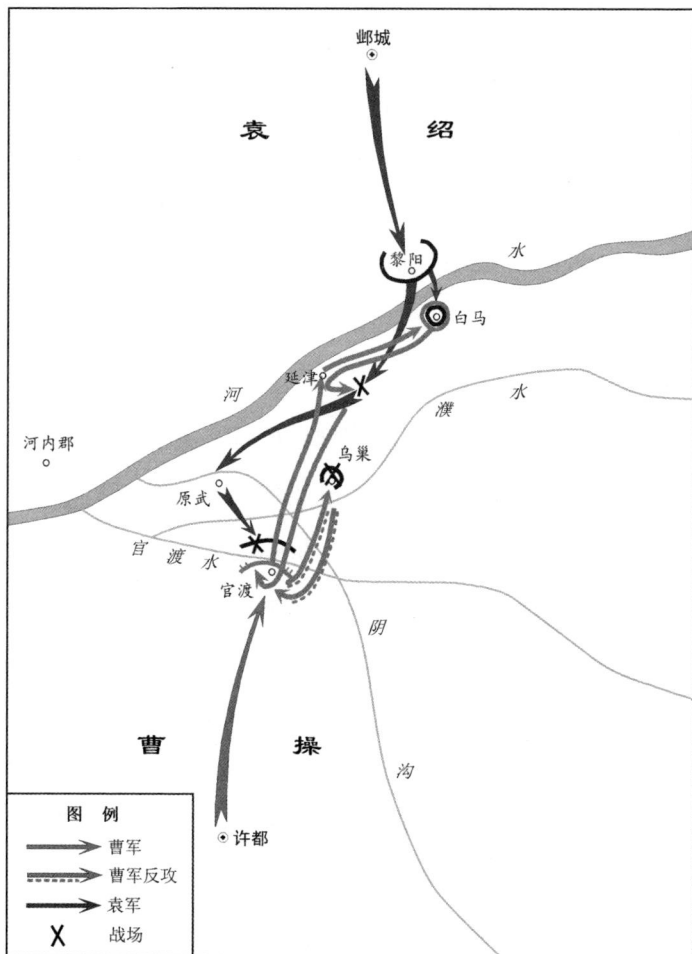

邺城

袁　　绍

水

黎阳

白马

河

延津

濮　　水

河内郡

乌巢

原武

官　渡　水

官渡

阴

曹　　操

沟

图　例

曹军

曹军反攻

袁军

X　战场

许都

图 5　官渡之战示意图

输线和粮仓，他也提过很好的对策。曹操作战善于攻击敌人后勤运输线，在官渡之战中也曾经派遣徐晃等将领攻击袁军辎重队。沮授对于曹操这一手早有预判，他告诫袁绍，淳于琼骄傲粗疏，建议另外派遣一支部队，与淳于琼相互呼应，确保馈运和粮仓的安全，防止曹操偷袭。官渡之战进入相持阶段，沮授已经看出双方比拼的是耐力，粮草便是胜利之本。在这方面，袁绍更是占有压倒性优势，完全没有失败的理由。所以，绝不能给敌人一举翻盘的机会。显然沮授预料到了曹操偷袭乌巢这步棋，所以，乌巢之败完全可以避免。

沮授眼睁睁看着袁军把每一步棋都走错，一步步跳下悬崖，拉也拉不住，那种万箭穿心的伤感，无力回天的痛惜，再到转眼间成为曹军俘虏的万念俱灰，让他卸下了无限的重负，不再有任何期望，只剩下割舍不断的忠义之情。他大声呼喊：决不投降！曹操和沮授早有交情，深惜人才，想说服他转投自己，劝说道："袁绍无谋，不用您的计策。现在国家大乱，我们应当携手匡扶。"沮授说："袁绍失策，所以惨败；我心智力量都已穷困，故应被俘。我家人皆在河北，请您速速处死我吧。"曹操舍不得杀死难得的人才，把他安置在军中。沮授却寻觅空隙意图逃归河北，曹操不得不杀了他，痛惜道："如果我们能够早早相得共事，天下不足虑啊！"②沮授求仁得仁，眼睁睁地看着一个当时最好也最强大的集团，被轻狂且偏执的领导人自信满满地带向悬崖深渊，拉不住，喊不回，堕入毁灭，他的心早已碎了。清醒到万念俱灰，恐怕唯一的祈求便是叶落归根，守护故土。

有谋士田丰、忠臣沮授、大将张郃等，袁绍曾经拥有的军队独步天下，智力、军力、财力、地利，无不占尽优势。然而，讲真话力谏的田丰下狱被害，洞察先机的沮授弃而不用，多谋善战的张郃遭忌离去，内部虚与委蛇，外部轻敌骄横，统辖无方，各自为政，这样的队伍怎能不一败涂地、彻底覆灭呢？把一手好牌打烂，将强盛国家整垮，专制骄狂导致失败的教训像幽灵一般，不曾回归地狱，却在世间游荡，不时显灵，令国破家亡，百姓涂炭。

偷袭乌巢虽说是机会，却也是一步险棋。官渡之战过程中，袁绍和曹操都获得过完胜的机会。机会首先眷顾袁绍，那就是刘备在徐州的叛变，令曹操的防线大门洞开。然而，袁绍放弃了。第二个机会非常公平地轮到曹操这里，那就是许攸叛变，指点曹操袭击乌巢。面对机会的突如其来，有两点值得思考：

第一，如何判断是机会还是陷阱？此前让袁绍疑惑的问题同样摆在曹操面前，亦即许攸是真投降，还是敌方的陷阱呢？曹操兵力非常紧张，即使偷袭乌巢这么关键的作战也只能抽调出五千人，在数万袁军的营地内战斗，本来就非常危险，如果是陷阱便是灭顶之灾，远比刘备叛变凶险得多。尽管曹操阵营早就预料到袁军内讧，但在瞬间能够判明真假吗？如果等到情况明朗再动手，那么袁绍发现许攸投敌，必定立即改变部署并做好防备，机会的窗口就关闭了。曹操左右大多怀疑许攸，只有荀攸和贾诩两人认为是真的，主张立即出兵袭击。③面对意见分歧，就看曹操的决断了。曹操选择相信许攸，但他心里真的没有一丝怀疑吗？恐怕正相反，这步棋太凶险了，所以曹操亲自出马，准备一旦遇到险情，能够随机应变，进行危机管理。否则，曹操完全可以派遣一员能征惯战的大将前往。统帅涉险犯难，就因为面临覆灭之时只有他能够作出决断，而部下只能执行命令。事后证明曹操的判断是正确的，即使如此，这场战斗也相当惊险，曹军陷入被袁军前后夹击的境地，是曹操不顾一切地发动猛攻得手，仿佛浴火重生，胜得惊心动魄，真可谓置之死地而后生。此时此刻，完美地展现了曹操的领导力。在最危险的关头，最需要统帅与部下同在，成为稳定人心的靠山、鼓舞士气的激励、勇气倍增的源头、生死决断的保障。官渡之战自始至终，曹操都在最前线，有多少危难关头全靠他现场即时处理而化险为夷。最困难的时刻、最危险的地方，统帅龟缩在安全的后方指挥，却要将士舍生忘死，还要担负失败的责任，事后再文过饰非，或者自我神化吹嘘，不亡何待！火烧乌巢当天，如果袁绍身先士卒率领主力猛攻曹操大营，恐怕会是另一种结果，至少不会出现战场主将张郃率部临阵投敌的大溃败。曹操和袁绍的性格、气魄和为人，通过比较，一目了然。

对于许攸投降的真实性判断，曹操和荀攸、贾诩对了，这不能仅仅理解为豪赌，而是人性的直觉。这种直觉是锤炼出来的，需要两个方面的积淀达成悟性与突破：一是丰富的实践经验，见多识广；二是努力学习，获得理论的提升，站在更高的层次上看出真相，看透本质。人性直觉是实践与理论、阅历与悟性相互作用而造就的能力。具有这种能力的人在接触事物的时候能够在极短的时间内完成信息的综合分析，准确而敏锐地直击要害，作出判断，犹如鹰眼一般。人性直觉看似天赋，实为基于经验的领悟力和判断力，其表现不仅在于迅速，更在于正确。判断迅速却屡试不中者，属于等而下之的轻率盲目，如果再加上固执，便是蠢不可喻的刚愎自用。具有人性直觉的人非常强大。在这个层面上，袁绍同曹操的较量是刚愎自用者与人性直觉者之间的对决。

第二，许攸的价值。通观曹操指挥的战役，擅长避实击虚，攻击敌方的后勤运输线。官渡之战的过程中，也屡屡攻击袁军运粮车队。显而易见，曹操深知粮食对胜负的关键意义，做梦都想烧掉乌巢粮仓。之所以没有动作，是因为没有把握能够深入敌后发动袭击。所以，许攸叛变的价值并非点拨曹操攻击粮仓，而是把袁军布防和口令的绝密情报给了曹操。试想没有口令，曹军就算身穿袁军军装也混不过去。而且，因为知道袁军的驻扎点，故而偷袭的曹军可以尽量避开，顺利穿插到乌巢，打了淳于琼一个措手不及。

机会固然公平，却永远只有高明者才能抓住。曹操在官渡之战中，没有机会的时候"不动如山"，机会降临的时候"动如雷震"，一击致命。

注释：

① 陈寿撰，裴松之注：《三国志》卷十七《魏书十七·张乐于张徐传第十七》，第 525 页。

② 陈寿撰，裴松之注：《三国志》卷六《魏书六·董二袁刘传第六》，第 200 页注。

③《三国志》记载："会许攸来降，言绍遣淳于琼等将万余兵迎运粮，将骄卒惰，可要击也。众皆疑。唯攸与贾诩劝太祖。太祖乃留攸及曹洪守。太祖自将攻破之，尽斩琼等。"参见陈寿撰，裴松之注：《三国志》卷十《魏书十·荀彧荀攸贾诩传第十》，第 323—324 页。

复盘

官渡之战落下大幕，败回河北的袁绍也在翌年忧惧而死，人生落幕。回首这场军事史上的经典战役，有许多经验教训值得反复思考，不断启发后人。荀彧在战前对曹军充满必胜的信心，分析的着眼点主要集中于袁绍和曹操的对比。对此英雄所见略同。韩信坚信刘邦最终胜利，也是基于同项羽的对比；唐太宗则认为国家兴衰的责任在于皇帝。官渡之战的每一个环节，确实让人看到主帅所起的关键性作用。围绕这一点，再来看看袁绍和曹操的胜负要因。

袁绍失败的要因主要有四个方面：

第一，骄兵必败。袁绍的骄傲，来自三个方面：

1. 权贵家族子弟的傲慢。袁氏家族是天下瞩目的清流世家，从权势到声望都高高在上，让袁绍看不起宦官家世的曹操。特权子弟之间的高下歧视，自古以来十分严重，构成森严的观念与身份等级，宛如鸿沟，难以逾越。故他们之间的矛盾十分尖锐。

2. 同学同事间的歧视。袁绍和曹操同出自高层权力阶层，很早就在一起，清浊家世的背景，使得袁绍一直居于曹操之上。在"西园八校尉"中，袁绍是曹操的上级；在反董联军中，袁绍是曹操的领导，故袁绍轻视曹操，看似交往甚多，实则不甚了解。而曹操正好相反，对袁绍的性格和为人了如指掌。

3. 军事上的优势。袁绍拥有强大的军事力量、稳固的河北地域和富庶的经济基础，人力、物力、财力全都凌驾于曹操之上，导致他大意轻敌，急于求胜，看似气势汹汹，实则自弃优势。

第二，感情用事，忿而用兵，失去冷静。情绪左右行动，在三个方面表现出来：

1. 曹操挟天子以令诸侯，占据政治合法性的制高点，以朝廷名义给袁绍封官，位于己下。袁绍没有寻求破解之术，而是怒火中烧，决定动武铲除曹操。

2. 刘备在徐州投向袁绍，献上计谋，袁绍踌躇不决，痛失良机后悔而起兵，仓促进攻，先后在白马和延津遭受挫折，失去颜良和文丑两员大将。

3. 初战失利，袁绍进一步被激怒，不检讨教训，却下令全军渡河猛攻官渡，放弃派兵别道、直取许昌的良策。

第三，偏听偏信顺己之言，拒谏饰非，刚愎自用，突出表现在三个方面：

1. 夸大己方优势，企图速战速决，一举歼敌。本着这一方针，袁绍把集思广益的高层决策会议一再开成顺从己见、自吹自擂的统一思想会，失去客观真实的评估，故而一错再错。

2. 对于不符合自己想法的所有建言一概拒绝，为了压制不同意见，猜忌排挤，甚至把谋士拘押处死。

3. 固执己见，以自我想象代替客观现实，刚愎自用。袁绍沉迷于军事优势，自以为英明超群，即使遭受挫折、顿兵坚城，也不改一战聚歼曹军的方针，以己之短攻敌所长。而且，袁绍还是个不善变通的经验主义者，曹操偷袭乌巢时，袁绍不大力援救乌巢而是进攻曹操大营，这是复制他此前平定黑山军的战例。当时黑山军袭击袁绍的邺城，袁绍则直取黑山军根据地，大获成功。所以，在乌巢之战时才有袁绍出人意外的举措。问题是作战的对象不同了，曹操的军事才干绝非黑山军能比。曹操早就料定袁绍可能的反击，所以留下自家人曹洪坚守大本营，下了死守的命令，让袁绍的如意算盘落空。袁绍因为此前成功消灭公孙瓒而自命不凡，在指挥官渡之战时刚愎自用，最终惨败。无能且执拗的领导是国家和民族的灾难。灾难的规模与其掌控权力的程度成正比。

　　第四，性格不堪重任，领导能力低下，在三个方面表现突出：

　　1. 浪得虚名，死爱面子；心胸狭隘，不能容人。袁绍以青年才俊蜚声内外，实际上并无太大才干。这种名不副实的人特别好面子，因为面子一失轼原形毕露，所以会不惜代价去维护面子，只要是自己说过的，再错也要维护，直到碰壁撞墙。这种人表面跋扈，内心虚弱，极为敏感，把不符合自己意思的真话看作揭短攻讦，痛下杀手。例如田丰力谏袁绍，让他下不了台，袁绍便把田丰逮捕下狱。官渡战败，证明了田丰的先见之明，袁绍在逃回路上便先派人杀掉田丰。袁绍从不认错，事事英明正确，或许他另有一套思维的逻辑。这种性格的领导容不下有真本事的能人，史家陈寿评论他："外宽内忌，好谋无决，有才而不能用，闻善而不能纳……昔项羽背范增之谋，以丧其王业；绍之杀田丰，乃甚于羽远矣！"①十分中肯。

　　2. 得人而不能用，统辖无方，故人才越多，越是各自为政，不能形成合力，反而是四分五裂。袁绍手下可谓人才济济，总体优于曹操阵营。然而，真正的人才必定颇有个性，自视甚高，需要有总览全局的领导让他们信服，把他们整合成一个整体，而袁绍完全不具有这种领导能力，整合不了，便分而治之，例如出兵官渡时无法整合沮授、郭图与淳于琼，便让他们各领一军，结果是内部山头林立，文臣纷争，武将跋扈。就袁绍同曹操双方的总兵力来看，大致是 4∶1，但在实际作战的时候,曹军的三万人是一个整体,而袁军的十万人却呈现 1×10 的状态,故每次作战曹军都拥有局部的战场兵力优势,袁军被各个击破。由此得到一条深刻的启示:未必人才越多越好,关键是领导必须胸襟开阔、深谋远虑,而且具有令人信服的整合能力,才能让各种人才搭配互补,相得益彰,形成 $1+1>2$ 的效果。否则人才越多,败得越快,袁绍的失败就是一个很好的例证。

3. 优柔寡断,决断力差。这种性格的人基本有一个特点,风平浪静时自我吹嘘,独裁专断,重大关头时却瞻前顾后,踌躇多疑。袁绍战前决策时的轻狂与刘备来降时的犹豫,正是如此。此类人在日常生活中十分常见,做什么事情都要四处找人做方案,试图博采众家之长,回避风险与缺点。其想法往往只有理论上的合理性,却没有多少现实中的可能性。总想着从一大堆方案中取其优点而弃其缺点的人,本质上是优柔寡断和不敢担责,只要成功不要风险。所以,他们往往会贻误时机,事后再放马后炮,反而错上加错。

看清袁绍的问题,那么,曹操获胜的原因实际上也呼之欲出了,在上述四个方面他和袁绍正好相反,前面已经作了不少分析,这里不再赘述。就其高明之处,兹举两个方面:

第一,占据政治和道德的制高点,居高临下,堂堂正正。无论是国内还是国际的政治斗争,首先必须竭尽全力争夺的是政治和道德的制高点,以此号令天下,让支持者踊跃振奋,反对者不敢轻举妄动，对内凝聚人心，对敌挫折士气。曹操是群雄并起之际最早领悟挟天子以令诸侯的道理，并且立即将其付诸行动的政治领导人，和袁氏对东汉皇帝弃如敝屣的态度截然相反。曹操把皇帝抓在手中，在自己的地盘重建王朝都城，俨然成为东汉王朝的代表。因为占据了政治制高点，所以他可以宣布袁绍为叛逆，自己代表朝廷征伐。古代非常重视"征"，"征"字左边的双人旁表示众人，右边的"正"代表吊民伐罪，亦即执行政治正义，捍卫民族利益，保卫老百姓。"征"的意思就是万众一心匡正叛逆不法行为，故天子"有征无战"。沦落到"战"，就成为双方对等的利益之争，谁都不具有正义性。因为是"战"，天下各方可以各自选边站队，甚至直接参战。"征"则是朝廷对于叛逆者的讨伐，令天下实权人物不敢轻易附和叛逆，犯上作乱。袁绍可以找文人撰写檄文痛骂曹操，却抵不上曹操一纸诏书，把袁绍置于叛乱的不利境地。天下忌恨曹操者大有人在，在官渡之战全程中却无人轻举妄动，与此关系甚大。

政治合法性对于袁绍的军心士气，影响也很大，一旦袁绍阵营内部的政治紧箍松动，马上出现土崩瓦解的景象，部属纷纷归顺"朝廷"。袁绍从此一蹶不振，自己逃回去后忧惧而死，实在是自作自受。因为他迷信军事实力，战前沮授告诫他要"师出有名"，战时许攸献计分兵许昌夺取皇帝，都被他嗤之以鼻，丝毫没有意识到政治合法性的重要。那些崇拜权力，只看重军力、财力、物力的统治者无不身败名裂，正因为他们鄙视正义、民心、道德与规则所构成的软实力，以为软实力可以通过信口雌黄而获得，最终必定以遗臭万年为自己的邪恶付出代价。尽管曹操绝非汉室忠臣，将皇帝玩弄于股掌之间，但是，袁绍不求破解之术，一味动用赤裸裸的武力蛮不讲理地挑战俨然合法的政治秩序，用自己的愚蠢反衬出曹操的高明。

第二，客观评估形势，透彻掌握敌情，理智掌控进退，算度极为精准。曹军兵力远逊于袁军，曹军统帅部对此有深刻的认识，料敌从宽，丝毫不敢轻视与松懈，在指导作战的时候尤其谨慎，突出表现在白马、延津连战连捷，斩杀袁军名将颜良、文丑后，曹操没有乘胜推进，而是迅速后撤，主动放弃黄河防御，收缩兵力，固守官渡。胜而不骄，如此冷静，十分难得。显而易见，曹操清醒地认识到这两场胜仗虽然打击了袁军的士气，坚定了己方战胜敌人的信心，但没有改变敌强我弱的态势，决不能被胜利冲昏头脑。拉长战线容易被敌人各个击破，收缩阵线则有利于巩固防线，不被强敌攻破。白马、延津的胜利打的是袁绍轻狂的脸，退守官渡则展示出曹操的清醒冷静，正视现实，不靠吹嘘来自我壮胆。看似平淡无彩的一步，却是真正的高手妙招。

曹方非常注重收集敌情，对于敌军主要人物的性情、行事风格、相互之间的权力关系都了然于心，分析透彻，所以预料准确。对于袁绍而言，作战的目标是攻克许昌，消灭曹操，简单明了。对于曹操而言，要打赢几乎是不可能的仗，真是三分作战，七分谋略。死守官渡原来是为了争取时间，守候预料中的敌营变故。战争一旦演变为持久战，就不仅仅是拼实力，还会把内部的各种潜在矛盾和缺陷暴露出来。时间越久，内部的整合度越要经受考验，不在战场上分出胜负，就在内部危机中决定生死。曹操及其谋士是用军事行动在打政治仗。军力、权力所代表的国家暴力，都只是工具，愚暗的统治者却将它当做目的。结果一定是政治家战胜武夫，战略家战胜战术家，屡试不爽。从双方统帅对决的角度来看，则是清醒完胜轻狂。

官渡之战把貌似强大的袁绍集团打得四分五裂，旋告灭亡，曹操集团却脱颖崛起，越战越团结。团结是壮大的基础，而其领导人的气量与人文关怀至关重要。官渡之战逆转的那一刻，有一件事情加深了人们对此的理解。曹军士兵冲入袁绍大营，看到袁绍仓皇出逃时来不及带走的机要文件，里面竟然有不少曹军将领在交战过程中偷偷写给袁绍的信件。原来这些将领看到双方兵力如此悬殊，担忧失败，私底下给袁绍写信，希望能够给自己留一条活路。这无疑是非常严重的事件，阵前通敌，恐怕死罪难逃。曹操接到禀报，赶了过来，了解到士兵不敢看，封存着等待自己来处理，便立刻下令谁都不准看，知道的人也不得外传，当场全部销毁。这件事怎么不会传出去呢？实际上袁绍机要文件落入曹操手中的消息，已经够让那些私通袁绍的曹军将领们惶恐至极了，眼见鬼门关在前头，却传来曹操未启封尽数销毁的消息，他们心中能不对曹操感激万分吗？曹操放了他们一条生路，今后他们能不舍命相报吗？如果胜利后去追查这些将领，肯定能够清除掉一些动摇分子，可是曹操为何不这样做呢？因为在官渡之战过程中，每位将领都努力战斗，并没有人叛变投敌，这已经说明他们并不是叛徒，而只是心中害怕。难道战前曹操不曾害怕过吗？战争的刺激性在于不打不知道结果，战前的预测和推演都是纸上谈兵。古今名将，无不对战争心存畏惧，所以他们绞尽脑汁格外细致周全地思考部署，有许多在战后看来多余的部署都是为了预防心中的疑虑。事后清算造成恐怖与相互猜疑能够增进团结吗？还是相反？这些问题曹操自然想得很明白。

此前曹操同张邈作战，张邈掳走了曹操副手毕谌的母亲，曹操闻讯后对毕谌说：令堂在张邈手中，你转投他去吧。毕谌当场表示忠于曹操，决不离去。出门后却马上投向张邈。后来曹操平定吕布、张邈，生擒毕谌。大家都为毕谌捏一把冷汗，不在于他投向张邈，而在于他欺骗了曹操，现在看曹操怎么发落他吧。没想到曹操说，一个孝敬父母的人，怎么会不忠呢？这正是我所要的。②由此看来，曹操有识人之明，背后是一种对人的关怀与理解。正是基于这份理解，才有油然生成的胸怀，而不是一时隐忍的权术。领导没有容人之量，没有人文情怀，团队必定矛盾重重，暗流汹涌。宽容是感人至深的伟大力量。情义与公正、规则相结合，必将形成坚韧的凝聚力和强大的战斗力。

　　所以说，官渡之战，曹操的胜利并非偶然，而有其非常丰富的道理。

注释：

① 陈寿撰，裴松之注：《三国志》卷六《魏书六·董二袁刘传第六》，第 217 页。
② 陈寿撰，裴松之注：《三国志》卷一《魏书一·武帝纪第一》，第 16 页。

四

回头是岸

席卷荆州

建安十年（205 年），曹操彻底消灭袁绍及其诸子，占领河北；建安十一年（206 年），消灭袁绍外甥高干，夺取并州，进而攻占幽州；建安十二年（207 年），深入东北征伐乌丸、收复辽东。至此，曹操完全控制了中国北方，开始谋划南征，统一中国。

从时间表可以一目了然，曹操自官渡之战后，对北方连年用兵，虽然取得了统一北方的重大胜利，但是沉重的军费也把曹操压得喘不过气。曹操并没有停下来发展生产，恢复民生，休整军队，而是采用集权手段强化社会管控，推行军事化的屯田制，兵农结合，把农业生产纳入军国体制，收取高达 50—60％的租税，用以支持不断进行的战争。如果注意到曹操政权下的社会经济与民生状态，可以说尽管曹操取得了很大的军事成功，但社会机器长年严重超负荷运转，几乎接近极限。在这种情况下，曹操仍然不肯松手，急于推进统一中国的军事进程。赤壁之战就是在这种背景下爆发的。

建安十三年（208年）七月，曹操下令讨伐刘表，率军南下。八月，割据荆州的刘表应声倒下。其次子刘琮继领荆州。刘表家庭内部矛盾十分尖锐，长子刘琦被排挤，和投靠刘表的刘备走到一起；其弟刘琮掌控不了局势，马上投降曹操，献上荆州。刘琮及其左右都忌惮刘备，不把投降曹操的事情预先告诉刘备，导致刘备措手不及。

刘备在官渡之战的紧要关头投向袁绍，差点置曹操于死地。他见到崇拜已久的袁绍，共事不久便发现袁绍徒有虚名，想办法让袁绍派遣他到汝南组织人马攻击曹操，趁机离开了袁绍，另组山头。官渡之战结束，袁绍集团苟延残喘，刘备没能形成气候，遭到曹操的痛击，败投荆州的刘表。刘备一败再败，却屡屡再起，除了他的顽强之外，主要得益于衰败的东汉皇室不耻放下身段认市场卖草席的刘备为族叔，给了刘备"刘皇叔"的招牌。当群雄叹服曹操挟天子以令诸侯的把戏，企图效法之时，刘备的声望水涨船高，越来越大，和当时保有地方势力的皇族刘表、刘璋之流相比，刘备比较亲近民众，且奋斗不息，让乱世流离失所的百姓寄托些许希望。这是各大山头如袁绍、曹操、刘表等人既不喜欢刘备，却又愿意将他置于羽翼之下的重要原因。

刘备实力不济，声望却不低。在荆州，刘表虽然收留了他，内心却颇为忌惮，让他屯驻北面的新野，防御曹操。荆州北部邻近洛阳，从京城避难出走的士人，散布于不远处；东面许昌集中了许多人才，大多被曹操延揽至麾下；南面南阳、襄樊一带也接纳了不少士人。而且，由于荆州在刘表治下局势和平稳定，故北方南下的世家大姓很愿移居此地。刘备对他们颇加礼遇，特别是躬身奉迎诸葛亮出山辅佐，检讨反思，修文练武，呈现蓬勃向上的新气象，扭转了以往的颓势。刘备在别人的屋檐下发展自己的力量，大有反客为主的趋势，故刘表更加担忧。刘备建议刘表，趁曹操北上征伐乌丸之际袭击许都，刘表拒而不纳，其中有提防刘备坐大的思考。刘表对于刘备的提防，刘琮十分清楚；刘备与其兄刘琦联手，更是心腹之患。所以，刘备自然成为刘琮的眼中钉，却苦于实力不足难以将其除去。现在曹操大举南下，内部矛盾重重的荆州显然无力招架，刘琮干脆投降曹操，准备借曹操之手除去刘备。所以，他怎会把投降曹操的事情告诉刘备。

曹操看不起无所作为的刘表，却对刘备评价不低，认为他是个人才，就是文化水平低，总比自己慢一拍看清问题。高手对决，慢一拍便输了。待到曹操完全统一北方之后，收拾刘备之流势在必行，绝不容许他们坐大。而且，控制荆州，将南方从中间切开，各自孤立，易于各个击破。加上刘表病重，出兵适逢其时。曹操的思考从军事的角度看，颇为合理。

刘备获悉刘琮降曹，明白己方无力抵挡曹军，便收兵南撤，打算退到长江边上，利用水军的优势进行抵抗。刘备派遣关羽乘战船数百艘先到江陵构建防御据点，自己则率军携带大批百姓南下。一路上，躲避战乱的百姓纷纷加入，以至于这支南撤队伍多达十余万人，装载公私辎重家当的车子数千辆。人多路狭，只能日行十余里路，宛如蜗牛爬行。历经战阵的刘备采取这样的行动，有悖于行军作战的道理，叫人难以理解。左右劝他率军快速南下，赶往江陵，否则将被曹军追及，无力招架。刘备却说："成大事者必以人为本，现在百姓追随我，我怎么忍得抛弃他们！"说得让人感动。然而，刘备真的不惜全军覆没也要保护百姓吗？他如此弱小的军队保护得了百姓吗？如果是玉石俱焚，他图的是什么？明知逃不过曹军的追击还要携带百姓暴露于野外绝地，到底是救百姓还是害了百姓呢？有悖常理的行动或是出于误判，或是另有目的，也许兼具二者。刘备十分明白抵挡不住曹操才主动南撤，但他输也要捞一把，那就是利用南方百姓恐惧北方军队的心理，通过掩护百姓撤退来赢得民心，形成他日后在南方发展的民众基础。当然，刘备不会有意把百姓带上绝路，这里应该存在他对于曹军的误判。因为他早于曹军南撤，估计来得及撤至长江沿线的防线内。但他没有料到一路加入的百姓如此之多，大大拖缓了行军速度，更没料到曹操采取了极为大胆凶悍的战术，这正应验了曹操对他作出的慢一拍的判断。

刘备赢不了战争，却不能输掉民心。他撤退的时候做足了这方面的功夫，不仅携带荆州百姓南下，而且，路过刘表坟墓的时候还隆重祭拜,大哭而别,显得情义深厚。

曹操从南阳南下,接受刘琮的投降,了解到江陵是长江防线荆州段最重要的据点,囤聚了大量的军用物资,刘备、刘琦的兵马,也正在此处构筑防御阵地。曹操作出了极为大胆的决定,亲自率领精锐部队,抛下辎重,轻装追赶,迅速推进至襄樊。到达后获悉刘备已经率众撤离,曹操干脆挑选五千精骑追击,一昼夜奔驰三百余里,在当阳长阪追上刘备。如此神速的行动,完全超出刘备的算度。在曹军的猛烈冲击下,刘备遭到毁灭性的打击,和诸葛亮、张飞、赵云等数十骑杀出重围,妻儿家眷陷没于乱军之中,大批人马辎重被曹军虏获。《三国演义》中赵云在百万军中救出阿斗一段故事,描写的就是当时的情景。除了先期到达江陵的关羽水军,刘备惨淡经营的军队被歼灭殆尽。现在江陵被曹操占领,刘备已经去不了了,他们一行人逃到汉津,和从江陵撤出来的关羽水军会合,喘息稍定,却不知未来的路在何方。

曹操挟战胜之势浩浩南下,控制住江陵,饮马长江,望着滔滔东逝的江水,胸中涌起万丈豪情,眺望对岸江南,苍翠如画,仿佛触手可得。他与南方近在咫尺,离统一中国只有一步之遥。曹操感受不到冬季吹起的刺骨寒风,浑身上下热血奔流,坐在巨大的舰船上,朗月悬空,烛火通明,乐曲声动乌鹊,歌姬蹁跹起舞,众将杯觥交错,曹操持槊立于船头,慷慨诉说丰功伟业,指点江南,誓言旦夕横扫孙刘,一统江山,娶二乔于铜雀高台,人神同乐。说到激动处,曹操脱口唱诵:

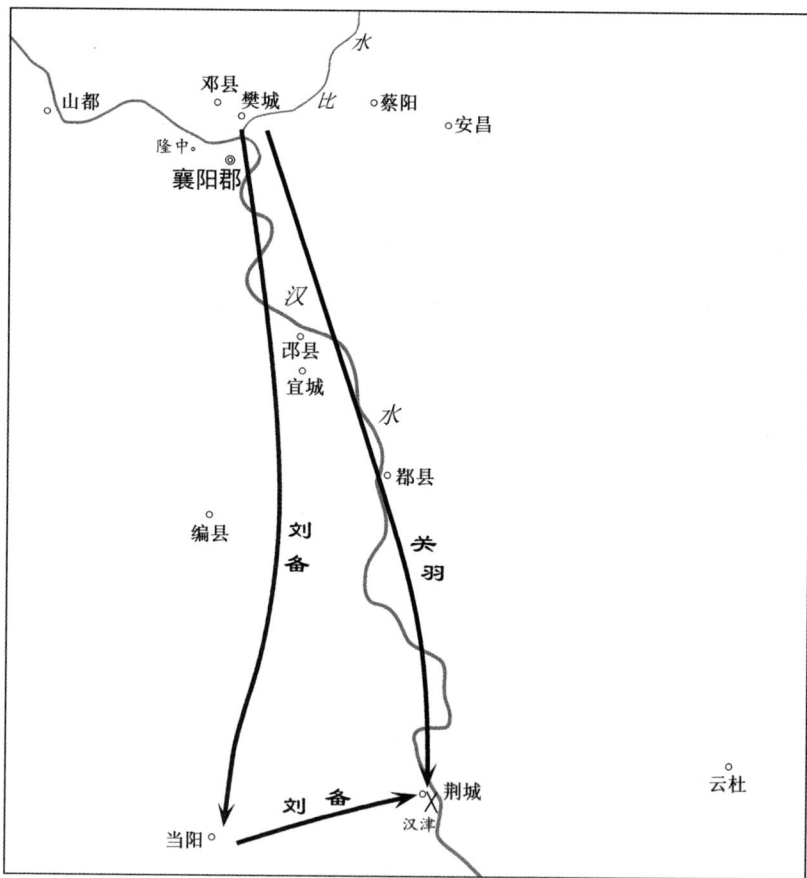

图 6 刘备、关羽撤军路线示意图

月明星稀,乌鹊南飞。绕树三匝,何枝可依?

山不厌高,水不厌深。周公吐哺,天下归心。

大江南北,乌鸦喜鹊,唯有依傍曹操这株巨枝,才能天下归心,盛世再现。

孙刘结盟

从八月南下，到九月击溃刘备，曹操一路势如破竹，锐不可当。一个月的时间将长江以北地域收入囊中，这样的战绩不可谓不辉煌，胸中升起雄心壮志亦属自然。如果在江边开怀畅饮，发发豪情便就此打住，则曹操不愧为激情四射而又头脑不失清醒的领袖。然而，人在困难的时候容易清醒，却在成功得意之际容易迷失。曹操在长江边上改变了自己最初确定的南下目标，决定一鼓作气收复江南。他被形势推着走，因为荆州得来太容易了。巨大的胜利不仅让他豪情万丈，也让他升起生命短促的焦躁，在抒发雄心的诗里，曹操流露出急迫的心情：

> 对酒当歌，人生几何！譬如朝露，去日苦多。
> 慨当以慷，忧思难忘。何以解忧？唯有杜康。

胜利可期,生命无常,已经过了知天命之年的曹操,急切希望能够成就一统江山的伟业。此时业已进入冬季,作战的地理与气候条件都发生了根本变化,曹操对此似乎并不在意。唾手可得的东西,犯不着顾虑太多,有必胜的信心,什么困难都能够克服。曹操得意洋洋,志在必得,头脑不再清醒了。

清醒的人从不缺乏,看一个团队,做一件事,仔细观察其内部清醒者的处境,便可预见成败兴衰。本来和曹操讨伐刘表没有直接关系的江东孙权集团,切身感受到重大威胁。于是,清醒的人物鲁肃在紧要关头站了出来,向孙权提出联刘抗曹的建议。

曹操南下之前,南方最大的三股势力分别处在长江上游、中游和下游。上游蜀地的刘璋割地自保,对于中原局势演变没有什么影响。中游荆州的刘表地理位置重要,与下游的孙氏政权敌对,交战不休。下游的孙氏政权,历经孙坚及其儿子孙策、孙权二世三代,基本站稳脚跟。孙坚和孙策都属于积极进取型领袖,开疆拓土,觊觎中原。官渡之战时,孙策当政,企图从背后袭击曹操,却在动手之前被许贡门客刺死,计划搁浅,但也因此同曹操结下梁子。南方这三大势力各自为政,甚至相互敌对,每一支都不是统一北方后的曹操的对手,面临被各个击破的前景。但他们又没法协调,形不成合力,只能眼睁睁地看着曹操大军南下,或者明哲保身,暗送款曲;或者惴惴不安,无可奈何。待到曹军饮马长江,等于把南方拦腰截断。而且,长江中游是渡江的最佳地点,整个江南已经危在旦夕。这种形势是曹操决定再接再厉统一南方的认识基础，只要这种局面没有根本的改变，曹操的决定确实有其合理性。

刘备从袁绍阵营败投刘表，而刘表同孙氏为敌。根据阵营划分，刘备也是孙权的间接敌人。刘备大概内心深处也潜藏着觊觎江南的野心，要不然他和诸葛亮在隆中论析天下形势的时候，诸葛亮不会无缘无故地告诫刘备不要打孙权的主意。[①]超越以往的种种矛盾，联合起来，才有可能对抗强大的曹操，这是南方唯一的出路。孙权手下的鲁肃也非常清醒地看到了这一点，在曹操南下讨伐刘表之际，向孙权分析形势，指出荆州的重要性，刘表已死，但刘备在，应该与之联合抗曹。而且，必须抢在曹操之前立即采取行动，自己愿意借吊唁刘表之机到荆州观察形势，说服刘备合作。[②]鲁肃是孙氏政权内最早认识并提出和刘备结盟的人，孙权则是作出决断的领导人，是孙吴方面主动联合刘备。

鲁肃获得孙权的批准，日夜兼程前往荆州吊唁刘表，途中听到刘军遭到曹操毁灭性打击的消息，不惧危险，一路追踪至长阪，找到灰心沮丧的刘备，询问他有何打算。刘备神色黯然，说要到苍梧投靠旧识吴巨。苍梧郡治所在今广西梧州，跑到这样一个几乎没有人烟的边荒之地，不啻认输退场，不复图谋东山再起，可见刘备情绪低落到何等地步。十几年征战，被打回原形，妻离子散，事业得而复失。他输得没有在中原立足的本钱，也没有谈判的筹码。然而，刘备万万没有想到,鲁肃竭尽全力劝阻他,而且指出一条活路:和孙权结盟联合,携手抵抗曹操。如果不是鲁肃主动开出这样的条件,刘备岂敢想望。结盟需要大致对等,现在刘备剩下的残兵败卒只配被收编,而不是对等的合作。

刘备顿时来了精神。鲁肃的话代表了孙权的意思吗?事不迟疑,刘备马上派遣身边罕有的文化谋士诸葛亮跟随鲁肃赶往柴桑去见孙权,把这件事情坐实。那心情颇似买彩票中了巨奖急切要去兑换一般。

鲁肃赶回来正好参加孙权召集文武重臣的会议,讨论如何应对曹操兵临长江的局面。以张昭为代表的官员认为曹操以朝廷的名义南征,师出有名,兵力雄厚,已吞并刘表水军,和我们共有长江,难以阻挡,不如归顺曹操。孙权默然无语,起身如厕。鲁肃也起身追随其后。孙权明白鲁肃有话想单独对他说,攥着鲁肃的手征询意见,鲁肃说:"那些人的话都是在误导您。我可以投降曹操,唯独您不可以投降。因为我投降了照样可以封官,而您却不行。所以,您要及早确定方向。"孙权感叹道:"他们让我失望,你说的才合我心意。"③显然孙权是想抵抗曹操的,他需要大家的支持。鲁肃也希望孙权及早定夺,如果放弃抵抗,孙刘联盟就无从谈起。

鲁肃建议孙权召周瑜会商。周瑜强烈反对投降曹操,从四个方面阐述了抵抗曹操的可行性:

第一,曹操名为汉臣,实为汉贼,并不具有南征的正义性。

第二,孙氏经营江东已经三代,根基稳固,地广兵精,将士效命，足堪一战。

第三，北方尚未完全平定，曹操后方有马超、韩遂的后患。

第四，北军优势在弓马，南军优势在水战。曹操舍长趋短，且长江寒冷，北军水土不服，必生疾病。

这四条都是用兵大忌，曹操竟然置之不顾。给我三万兵马，我一定战而胜之。[④]

周瑜的分析有理有据，极大地坚定了孙权抗曹的信心。

鲁肃把诸葛亮引见给孙权。诸葛亮向孙权介绍战况："荆州业已沦陷，刘备战败退至长江。您可以权衡自身力量，如果我们联合起来足以抗曹，可以尽早断了曹操觊觎之心；如果不能抵挡，可以投降曹操。现在您表面上服从曹操，实际不然，情势紧急而不作决断，会有大祸临头。"诸葛亮看似客观介绍形势，实则潜含催促之意。孙权当然听得出来，他也要看看刘备的决心，所以问道："既然如此，刘备为什么不投降呢？"诸葛亮慷慨说道："田横不过是齐之壮士，尚且坚守节义，不肯投降受辱，何况我主公刘备乃盖世英才，皇室贵胄，天下仰慕，纵然战败也属天意，怎么会投降呢！"诸葛亮显然在激将，以孙权之聪明怎么会听不出来？孙权既然决心抵抗曹操，也就顺势作色回应道："我不能以东吴之地，十万兵马，受制于人。"既然表明了态度，孙权准备摸一下刘备的底，问道："刘备惨败，还有能力抵抗强敌吗？"双方在抗曹问题上达成一致，诸葛亮也就把己方军情相告："关羽有精锐水军万人,刘琦统率的江夏战士也有万人。曹操长途奔袭,轻骑一日一夜追击三百余里,已经是强弩之末。而且,犯了兵法之忌。北方人不习水战,荆州士民并未真心降附曹操。在这种形势下,您如果任命猛将统率数万兵马,同我主公刘备合作,必定能够击破曹操。曹操北撤之后,荆州和东吴必定强大,与北方形成鼎足之势。成败之机,在于今日。"⑤诸葛亮的分析指出了曹操的命门所在,其内部尚未完成整合,北军不习水战,长途作战已显疲惫,这些都是事实,与周瑜的分析可谓英雄所见略同。

实际上,曹军的弱点不仅仅是长途作战的疲惫,更加深刻的还在于本章开篇论述的连年大规模作战造成的国力空虚,军力和国力都已经是强弩之末了。所以,曹军看似强大,收编刘表的军队后可达二十多万的规模,相对于孙刘联军的五万兵力,大致拥有 4∶1 的优势,同官渡之战时袁绍与曹操的兵力对比几乎一样。但是,其内部不统一,关键的水军不强,并未真正具备大军渡江的作战能力。刘表同孙吴作战多年都不能渡江,曹操统率其降附的水军,军心不一,如何能有胜利的把握呢? 按照《孙子兵法》提示的作战基本条件:天时、地利、人和,从这三方面评估,此时已经是冬季,天时已失;战场在长江,曹军水土不服且不习水战,地利不存;曹军与荆州降军矛盾重重,人和不再。三方面的基本条件均处劣势,曹操如何能够渡江征服南方呢?

此时的曹操,恰好同官渡之战时的袁绍换了个位置,步其后尘。当年如此冷静清醒的曹操，一旦优势在握，也变得骄傲冲动了。自以为占据绝对的优势，让冷静的人飘飘然而自觉无所不能，看问题如同蝼蚁，长江犹如水沟，孙刘形同螳臂。曹操在长江战船上的唱诵，看似气吞山河，实则透露出傲气。赤壁之战同样演变为一场清醒者同骄横者的对决。

孙权同样看得很清楚，所以，他完全认同诸葛亮和周瑜的分析。更加重要的是，孙权有那个气量，作出最重要的决断，与刘备结盟。他随即命令周瑜、程普、鲁肃统率三万水军，赶往夏口一线布防，全力抵抗曹操。

孙刘联盟正式形成了。鲁肃是首倡与促成者，功不可没。

注释：

① 《三国志》记录了著名的《隆中对》，诸葛亮从刘备与曹操为敌的失策话锋一转，说道："孙权据有江东，已历三世，国险而民附，贤能为之用，此可以为援而不可图也。"这段话绝不是无的放矢，而是看穿了刘备一再选错对手而沦落在荆州，却仍然做非分之想，觊觎江南的内心隐秘，一语喝阻，提出应该联合孙权的方针。刘备对此从未深刻领悟，才会后来与孙吴大战，遭受败亡之辱，并且让孙刘联盟破裂。即便刘备死后，诸葛亮尽力补救，蜀吴双方也只能是面和心不和。三国的三方，刘备最不爱读书，整个刘备集团文化水平最低，故其悟性最低，失败最多，崛起最慢，势力最小，灭亡最早，这些都有其内在的道理。参见陈寿撰，裴松之注：《三国志》卷三十五《蜀书五·诸葛亮传第五》，第912页。

② 陈寿撰，裴松之注：《三国志》卷五十四《吴书九·周瑜鲁肃吕蒙传第九》，第1269页。

③ 同上，第1270页。

④ 同上，第1261—1262页。

⑤ 陈寿撰，裴松之注：《三国志》卷三十五《蜀书五·诸葛亮传第五》，第915页。

胜利的陷阱

　　曹操大举南下,四方震动,蜀地的刘璋尤为恐惧,害怕曹操向他动武,赶忙派遣使者阴溥专程去向曹操致敬。曹操的目标是刘表,所以对刘璋颇加安抚,以朝廷名义加封刘璋为振威将军,封其兄刘瑁为平寇将军。刘璋还是感到不安,再次派遣别驾从事张肃进献叟兵三百人,以及各种物资给曹操,以示支持。曹操投桃报李,封张肃为广汉太守。刘璋虽然窝囊,但是争取蜀地的支持乃至归附,对于曹操统一江南颇为重要。团结一切可以团结的力量,壮大自己,孤立敌人,这是政治、军事斗争的基本原则。曹操在官渡之战中对此有着出色的表现,深谙此道。然而,在他夺取荆州,饮马长江的时候,似乎忘记了这件法宝。一再示好的刘璋三度派遣张松作为使者来到曹操大营,欲求进一步拉近双方的关系,本来就看不起刘璋的曹操不再表演了,有意或无意地怠慢张松。

张松是个小人，唯利是图，既没有政治眼光，也没有原则底线。人品越是卑下，对面子看得越重。张松深深记恨曹操，回到蜀地后向刘璋汇报出使情况，分析形势，危言耸听地说道："曹操强大，无敌于天下。他如果支持我们的敌人张鲁进攻蜀地，谁能抵御得了。"因此，他建议刘璋摆脱曹操，联合同为皇族的刘备，抵御曹操，进取汉中，消灭张鲁。刘璋无能，没有见识，听得头头是道，深表赞同，遂改变以往的亲曹政策，转向南方阵营。刘璋的这一变化对于当时的赤壁之战虽然没有直接的影响，却在不久之后改变了三国演变的进程，成就了刘备入川建立蜀国的事业。刘备天下三分而得其一，成为曹魏政权的一大敌人。这件事情从一个侧面反映出曹操兵临长江时的骄傲自得。东晋著名史家习凿齿在《汉晋春秋》中感叹道：

> 昔齐桓一矜其功而叛者九国，曹操暂自骄伐而天下三分，皆勤之于数十年之内而弃之于俯仰之顷，岂不惜乎！是以君子劳谦日昃，虑以下人，功高而居之以让，势尊而守之以卑。情近于物，故虽贵而人不厌其重；德洽群生，故业广而天下愈欣其庆。夫然，故能有其富贵，保其功业，隆显当时，传福百世，何骄矜之有哉！君子是以知曹操之不能遂兼天下者也。①

优越的地位使人骄傲，看不起他人，用脱离实际的妄想来勾画未来的胜景，感受不到下层的辛劳与痛苦，任意伤害别人,肆意妄为。巨大的权势,春风得意的心态,这柄看似温柔的利剑,自我伤害于无形,比起艰难困苦更容易让人上当而掉入深渊,暴露出人品的底色和缺陷,最终的代价是失败,报应不爽。正所谓"德不配位,必有灾殃",摆脱之道唯有学习、见贤思齐与积善积德。

曹操阵营人才济济,清醒者从未缺位。长阪之战击溃刘备,见其逃往东吴,因胜利而得意的将领们颇为高兴,料定孙权会趁机杀掉刘备,吞并其军。程昱不以为然,向曹操分析道:"孙权刚刚接掌政权,威望不足,而您无敌于天下,一举夺取荆州,江南震动。孙权再有谋略也独木难支。刘备素有英名,而且手下的关羽、张飞都是万夫莫当的将领。所以,孙权一定会支持他们,用来对抗我们。"程昱准确地预料到了继续南下用兵会促成孙刘联盟。②

贾诩认为夺取荆州后,当务之急是安抚百姓,巩固胜利成果,震慑江南,利用优势地位稳扎稳打,消化战果。安抚江南百姓不是一件简单的事情,涉及处理好南北之间既不熟悉又心怀敌意的关系,这是曹操未曾经历的考验。中华民族有一个漫长的逐渐融合发展的过程。中原是中华民族的中心地区,在周初铸造的何尊铭文里首次出现"中国"名称,指的是洛阳都城。经过春秋战国时代,"中国"在广义上指称周朝全域,狭义上主要指北方地域。这种现象背后反映出南北之间的畛域之见,直到唐朝的民族大融合与南方大发展。宋朝以来的"中国"指王朝全域,不再表现南北地域歧见。③在东汉末年南北分裂时期，南方百姓对于北人南下普遍怀有恐惧和敌意，诸葛亮在游说孙权联合抗曹的时候特地说道："若能以吴、越之众与中国抗衡，不如早与之绝。"④特地用"中国"指称北方曹魏政权，正反映出南方百姓对北人南下的抗拒心情。贾诩的提醒相当重要，民心是南方进行抵抗的力量源泉。

程昱和贾诩的警告都没有被曹操采纳，颇似当年袁绍谋士冷静的建议被袁绍拒绝的情形。然而，曹操顺利到达长江的时候，程昱所预见的孙刘联盟果然形成了。清醒者的预言之所以逐一变为现实，是因为他们冷静而客观，不受个人主观情绪的蒙蔽，准确把握事物发展的趋势。曹操可以不相信，可是，他沿着江陵向东挺进的时候，在赤壁就遭遇到了刘备水军，以及与其结成联盟的东吴名将周瑜统率的大部队。新的力量出现在战场，形势陡然改变。隆冬时节，曹操要面对颇成规模的孙刘联军。

十一月，曹军试探性渡江，与孙刘联军在长江相遇，受到周瑜水军的打击，初战失利。没有指挥过水军大规模作战的曹操，通过这次战斗，亲眼观察了水军的战术，完全不同于陆地作战。而且，曹操还感受到自家水军同孙刘联军的差距。

第一，曹军的水上战力由原来的刘表水军构成，新近降附的部队人心未齐，在曹操的胜利之师面前，宛若狗尾续貂，既被看轻，自己也看不到前途，士气不振。

第二，刘表虽然同孙吴敌对，时常交战，但南方实际上一直割地自保。如果放到整个中国古代史上看，南北风气迥异，一目了然。北方是你死我活，非要打出一统江山的政权不可，而南方几乎都是割地自保，他们之间往往是有限的边境战斗。刘表和孙吴即是如此。现在要刘表水军自我牺牲，为曹操征服南方，他们决不情愿，出活不出力，战斗力不强。

所以，刘表水军不能和孙刘联军同日而语。刘备已经退无可退，孙权则是保家卫国，他们合在一起，无论在士气还是在战斗力方面都远远胜过曹军。曹军的解决之道在于训练北军的水战能力，可这无法一蹴而就。

曹操遭受南下以来的第一次挫折后，不得不把水军退回到长江北岸，与陆军会合，在赤壁安营扎寨。同时在乌林操练水军，试图打造出堪与孙刘联军作战的水师，寻找渡江的机会。

注释：

① 陈寿撰，裴松之注：《三国志》卷三十一《蜀书一·刘二牧传第一》，第 869 页注。

② 陈寿撰，裴松之注：《三国志》卷十四《魏书十四·程郭董刘蒋刘传第十四》，第 428 页。

③ 关于"中国"意涵在各个历史时期的演变，参阅韩昇：《东亚世界形成史论》，中国方正出版社，2015 年。

④ 陈寿撰，裴松之注：《三国志》卷三十五《蜀书五·诸葛亮传第五》，第 915 页。

两手准备与火烧赤壁

曹操在赤壁屯驻下来。三个月前,他追击刘备直抵长江,横槊赋诗,睥睨天下。现在他对着滔滔江水,惆怅兴叹。初战失利,渡江统一中国的愿望难以在短期内实现,长江仿佛成为突然出现在眼前的天堑,完全不同于官渡之战中的黄河,难以逾越。

孙权为了减轻正面战场上周瑜的压力,向合肥发动进攻,把战线拉长,造成东西两面作战的态势,迫使曹操分兵反击,并且让他认识到不能将主力长期集中于荆州。显然,如果不能在赤壁取得突破,成功渡江,这场战争难以持续。然而,要突破孙刘联军的江防在短期内做不到。因此,曹操不能不考虑撤军。

更加严峻的考验还不在战场之上,而是在天寒地冻的长江岸边,这里让北方人感受到真正的寒冷。荆州亦即今湖北、湖南一带,阴冷潮湿,那种贴身刺骨的寒冷,完全不同于北方冬季的干冷。生活在南方的人们早已经习惯了,而北方人却受不了。曹军将士因为水土不服及风寒侵袭,发生大规模的疫病。当时没有准确的统计数字,但从史书记载来看,病倒的将士相当多。大量减员,已经极大地削弱了部队的战斗力。曹军变得外强中干,表面声势浩大,实际可以作战的兵员不足。而且,这种状况随着时间推移日趋严重。有鉴于此,曹操不得不严肃地考虑北撤,以免在不利的情况下遭到敌军的打击,那将演变成大溃败的灾难。

曹操不是把个人面子看得比民众生命、国家社稷还重的领导者,从他愿意听取部下不同意见、适时进行调整的表现来看,他基本上还是属于理性且冷静的主帅。势如破竹地夺取荆州,曾经让他一时骄傲,改变原来制定的南下目标,试图扩大战果,一举统一中国。但是,赤壁初战的挫折让他很快冷静下来,开始正视严峻的形势,心中重新盘算。作为一个负责任的领导者,任何重大的政策调整都必须瞻前顾后,妥善安排,而不是突然转向,前后俱失,遍地狼藉。

曹操必须权衡各个方面的利弊,其中有两个方面需要慎重拿捏。第一,胜利的余威尚在,还有没有在短期内渡江南征的机会。因为还没有进行真正的较量,无法判断胜负。轻易放弃优势,将来恐怕机会难再。而且,无法说服取得胜利的将士们,军心士气不可挫。如果机会尚在,值得一搏。

第二，大规模南征已经昭告天下，而且刚刚向孙权发出战书，即便感觉形势不利也不能在没有足够理由的情况下随意撤退。这样做不但损害军事声誉，还会引发严重的政治危机。即使要撤，也需要有个理由和台阶。

综合评估眼前的机会和困境，此时的曹操应该已经开始作出进与退的两手准备，最重要的是进行了大军后撤的部署，以江陵为中心构成长江北岸的防御。即使不能进取江南，也要控制住荆州的江北地域。笔者作出这一判断的根据是曹操在赤壁战败后北撤，曹仁坚守江陵，给进攻江陵的东吴部队造成相当大的杀伤，周瑜就是在此次战斗中身负重伤，不久后去世的。曹军整个防线相当稳固，荆州的江北大部分地域牢牢控制在曹军手中。赤壁战败的曹军没有出现溃败的情况，比较完整地撤回北方。显然曹操在此之前做过精心的防御部署。如果对比官渡之战溃败的袁绍大军，乃至后来淝水之战溃败的前秦大军，赤壁之战后的曹军阵容迥然不同。

曹操在寻找进攻江南的机会，内心深处恐怕已经明白这一目标难以达成，逐渐调整此前过于乐观的估计，转向巩固已经占领的荆州江北地区，进可攻，退可守。这应该是曹操此时采取的对策。亦即曹操被赤壁初战的失利打醒了，正在改变此前骄傲轻敌的心态，回归客观务实冷静。表面上大张旗鼓继续采取攻势，暗中做的却是巩固荆州占领地的部署。短期内有机会突破江防，便发动进攻；如果没有机会，便将北撤。

从宣布征伐刘表开始，曹操率领大军出征已经半年过去了，鉴于将士大量染疫和冬季气候不利等因素，曹军不能继续在无望的长江损耗。人们常说"坚持就是胜利"，这话并非真理，却往往是偏执无能者的墓志铭。及早发现失误，及时调整，进行止损或者危机管理，才是高明者的做法。人都会犯错，智者与蠢人的区分就在于此。为了面子执拗到头破血流，才被教训得突然大掉头，一百八十度大转向，那是无能且不负责任的表现。愚蠢加无能造成袁绍的官渡战败，这样的教训在历史上比比皆是。赤壁之战的最精彩之处在于曹操从胜利迷梦中早早惊醒，基本保住了此前的战果。古代评价名将，不仅会看他如何取胜，还非常重视他能否败而不乱。实际上，指挥战败的部队有序撤出的难度要高得多。赤壁战败，曹军并没有遭受太大的损失，说明曹操早就作了准备。官渡之战和赤壁之战，两场大战，是曹操以弱胜强和败而不乱的经典战例。

无论进攻还是后退，在短期内都必须作出决断，曹操所缺乏的就是一个理由或者台阶。

曹操的台阶是周瑜给他做的。周瑜固守赤壁，与曹军相持对峙。东吴内部的情况也不容乐观，虽然土地辽阔，却人烟稀少。长江下游以太湖流域为中心，开发最早，繁荣富庶。中上游呈点状的分布，沿江散布若干节点城镇，如柴桑、江夏、江陵等，再往上游去到夷陵，大部尚未开发。由此通过三峡转入蜀地，滩浅流急，山高林密。整个江南开发出来的地区不多，经济落后。东吴的兵力、财力都无法同中原抗衡，难以支撑长期大规模的战争。由于南北实力不对称，南方必须全力以赴把北方军队阻挡在长江以北。一旦江防被突破，南方基本守不住。在南方人口和经济实力逆转之前，这种态势一直没有改变。

周瑜把曹军阻挡在长江北岸，但由于兵力不足，难保漫长的长江防线无虞。他的部将黄盖对此十分清楚，向周瑜建言道："敌众我寡，难以持久。我看到曹军战船首尾连接在一起，行动不便，建议采用火攻破之。"周瑜采纳了黄盖的建议，黄盖自告奋勇，向曹操诈降，拟率船队驶入曹操船阵，发动火攻。

黄盖派人给曹操送去降书，声称周瑜、鲁肃之流见识逼仄，无视南北巨大的差距，企图用江东六郡的山越之人，抵挡中原百万之师，实属螳臂当车之举。所以，自己将率部降附，在双方交战那天临阵倒戈，共破周瑜水军。①曹操将信将疑，但实在没有破吴良策，故权且接受黄盖的投降，准备当日密切观察，临机应变。

开战那天，作为吴军先锋的黄盖部驾驭十余艘快船出阵，向曹军驶来。这些船只装载的不是战士，而是浇灌鱼油的干柴芦荻，覆盖红幔遮掩，上面插着旌旗龙幡。冬季难得一现的东南风刮了起来，有如神助。长江之水滚滚东流，不利于溯流而上的吴军。这时候的东南风就像上天之手把东吴战船推向江北，老将黄盖站在战船指挥台上，高擎火炬，盔甲闪亮，银髯披拂，一声令下，战船升起大帆，顺风疾驶，船上

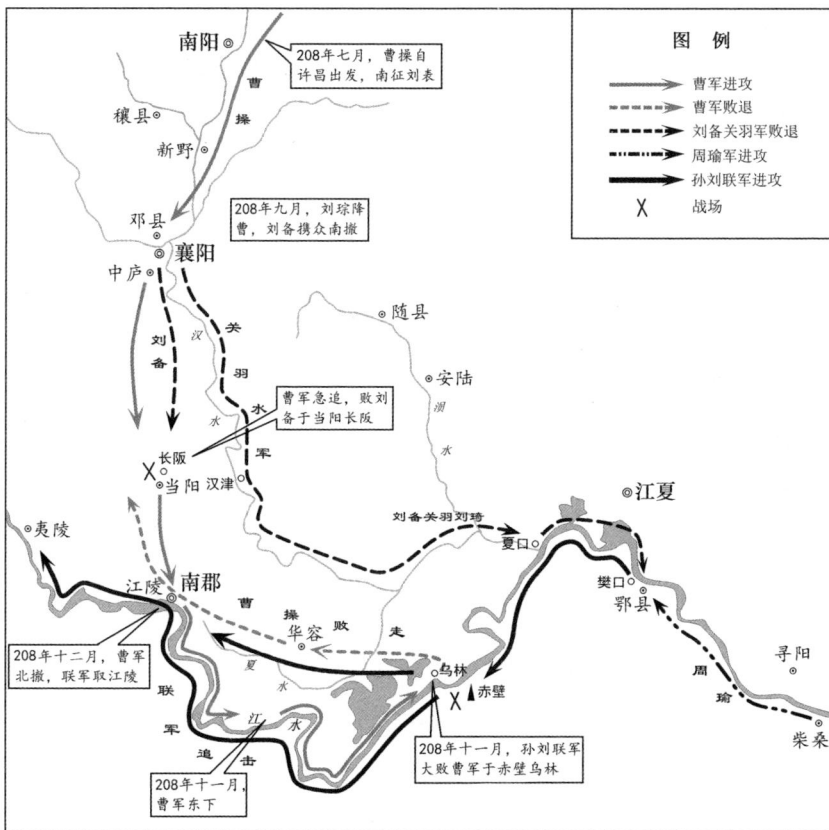

南阳 ◎

208年七月，曹操自
许昌出发，南征刘表

图　例

→ 曹军进攻

---→ 曹军败退

---- 刘备关羽军败退

----- 周瑜军进攻

━━━ 孙刘联军进攻

X　战场

穰县 ◎

新野 ◎

邓县 ◎

襄阳 ◎

中庐 ◎

208年九月，刘琮降
曹，刘备携众南撤

随县 ◎

安陆 ◎

关羽水军

刘备

汉水

洙水

曹军急追，败刘
备于当阳长阪

长阪
X ◎ 当阳 汉津

夷陵 ◎

江陵 ◎ 南郡 ◎

208年十二月，曹军
北撤，联军取江陵

联军 追击

江水

208年十一月
曹军东下

曹操走华容败

夏水

乌林
X 赤壁

208年十一月，孙刘联军
大败曹军于赤壁乌林

刘备关羽刘琦

夏口 ◎

江夏 ◎

樊口 ◎
鄂县 ◎

寻阳 ◎

周瑜

柴桑 ◎

图 7　赤壁之战行军战线示意图

兵卒齐声高喊投降，曹军将士纷纷出营观看这激动人心的受降场面，准备迎接盼望多时的胜利。这一天注定是个决定胜负的日子，从天而降的桂冠从来都会划破自我沉醉者的梦想，落在清醒务实者的头顶。

黄盖的战船逼近曹营，突然点燃船上的油柴，瞬间浓烟腾起，大火熊熊，十余条战船像一条翻滚的火龙直接闯入曹操水军大营，欢呼声顿时变成惨叫，身上着火的兵卒宛如星星之火把岸上陆军大营的柴草军火点燃，到处蔓延。曹营变成一座火山，慌乱中的四下奔窜造成踩踏。

大江之南，孙刘水军百船俱发，扬起的巨帆连成一片，宛如滔天巨浪排山倒海而来，战鼓声震彻云霄。中军巨舰上端坐着风华正茂的翩翩儒帅周瑜，羽扇纶巾，指挥若定。那场面直到数百年后还如此激动人心，让苏东坡心驰神往，写下"遥想公瑾当年，小乔初嫁了，雄姿英发。羽扇纶巾，谈笑间、樯橹灰飞烟灭……"这词句如大江东去，千百年奔涌在世人心间。

曹操一看这场面就知道败局已无可挽回，率领军众迅速撤往南郡（治所在江陵）。周瑜和刘备成功在江北登陆，率军追击。曹操没有停留，把江陵要镇交给曹仁和徐晃把守，令乐进驻守襄阳，皆配置重兵，构成两道防线，自己则退回北方。

注释：
① 陈寿撰，裴松之注：《三国志》卷五十四《吴书九·周瑜鲁肃吕蒙传第九》，第 1263 页。

成败得失

　　孙刘联军在此分道扬镳。东吴军队在周瑜的指挥下向江陵挺进,目标是占领江北的荆州地区。这对于东吴而言颇为重要。江淮之间,尤其是淮河,是南北的荣枯线。中国地理以淮河为界区分南北,南方若能占据淮河,则进退自如,势力强大;如果被压缩到长江以南,则属偏安格局,在历史上皆是坐以待毙,难有作为。所以,趁赤壁大捷之余威控制江北,东吴才有今后同曹魏逐鹿中原的资本。周瑜对此了然于胸,故挥师北上,试图攻占江陵。然而他遇到了硬钉子,曹仁所部完全不似战败的军队,严防固守,周瑜甚至难以渡江,便分兵由甘宁率领向西迁回进攻夷陵,形成东西夹击江陵之势。曹仁派遣骑兵驰援夷陵,包围甘宁。周瑜用吕蒙的计策,留下凌统防守,自己和吕蒙率部增援甘宁,顺势渡江。双方遂在江陵展开大战。曹仁是曹操麾下大将,威名远扬。周瑜身为表率，持枪跨马，奋勇冲锋，激励将士杀向敌人。曹军顽强抵抗，箭如雨下。战斗十分激烈。周瑜被射中右胁，伤势严重，不得不后退。曹仁获悉周瑜负伤，趁机发起反击，周瑜不得不带伤出战，打退曹军。双方在此血战一年多，都付出重大伤亡。翌年，曹操放弃南征战略，曹仁才撤出江陵。周瑜虽然夺取了江陵，却因为伤势太重，不久后去世。

孙权趁势在东面出击，向北扩张，亲率大军进攻合肥，一个多月没能攻克。从荆州撤回的曹操派遣张喜增援合肥，孙权无功而返。另一路吴军则由张昭率领，进攻九江当涂，遭到挫折，不得不退了回来。

东吴全线进攻，斩获甚少。最大的收获是占领了长江中游北岸的部分地区，夺取了江北重镇江陵，但无法继续向北拓展，仍然是守江而不是守淮的态势，未能改变对曹魏的弱势。这当然同江南的开发程度不能同中原匹敌的实际状况相吻合。古代国家的实力根本是由社会经济实力所决定，不可能悖离太多或者太久。取得这些战果，东吴付出了天才将领周瑜的生命代价，他去世时年仅34岁。疆域得得失失，经济起起伏伏，唯有出类拔萃的人才难以经常拥有。有了杰出的人物，就有了土地、物资和财富，反之则虽有必失。两相权衡，东吴付出的代价颇大。

在周瑜持续进攻江陵的同时，刘备却掉头南下，进攻荆州的江南地区。刘表据有荆州的时候，同孙氏政权为敌，不时激烈交战，东吴奠基人孙坚就死在同刘表的作战中，故彼此仇恨甚深。刘备十分明智地打出刘表长子刘琦的旗号，请封刘琦为荆州刺史，用以招抚刘表旧部。这一招十分有效，荆州的江南四郡，武陵太守金旋、长沙太守韩玄、桂阳太守赵范和零陵太守刘度全都降附刘备，可谓唾手而得。曹操战败，刘表的荆州旧部惶恐不安，不愿意投降宿敌东吴，却无枝可依。以刘琦的旗号作号召，立即得到响应，这是一步好棋。

刘备的战略洞见在于，不与周瑜竞争江陵等江北地区，而是迅速夺取江南四郡。从地域的重要性来说，江陵以北的荆州地区十分重要，刘备对此有充分的认识，并且向周瑜建言攻取江陵，周瑜也志在必得。从刘备以往的经历来看，他不会在此地撒手不管。如前所述，他一直在重要的地区同强大的对手竞争，因为没有相应的实力而一再被打得落荒而逃，血本无归。自从得到诸葛亮的辅佐之后，刘备的战略变得理智，不是所有重要的东西都要去争，而是根据自己的实力决定进取的方向。目标与能力相匹配，才有发展壮大可言，否则只能是好高骛远、自寻死路。不与周瑜争抢江北，而是避实就虚经营江南，刘备没有付出什么代价，却把四个郡收入囊中。从官渡之战时南下流浪、寄寓荆州，到赤壁之战后获得自己的立足之地，刘备成为赤壁之战最大的受益者。初步尝到甜头之后，沿着这个战略思路走出的下一步棋是夺取虚弱的蜀地，崛起为鼎足而立的一方。诸葛亮的战略谋划正在一步步成为现实。

曹操当然是赤壁之战的输家。然而，赤壁之战的真实情况，并非小说家夸张渲染的大决战，曹方折损的主要是改编荆州降军而建成的水军，而非曹操的主力部队。折损的兵力缺乏记载，不会太多，属于一次战役级的失败。此役失败的战术影响在于水军覆灭，相当一段时间内难以重建，无力渡江征服江南。战略性的影响在于曹操放弃了南征江南的战略企图。政治上的影响则是曹操无法达成统一中国的巨大功绩，完成王朝嬗替。

赤壁战败，曹军为什么没有出现大溃败呢？如笔者在前面所作的分析，曹操在赤壁初战失利时已经意识到没有充分准备而要企图一举征服江南的潜在危险，实际上他已经开始进行危机管理，构筑坚强的防御，巩固既得荆州疆土，强化长江全线防守，为大军北撤作了部署。这就是曹操突然遭遇战败而能够迅速后撤，败而不乱的根本原因。因为部署得当，孙权在东面没能得手，周瑜在江陵也久攻不下，本人付出生命的代价。再看曹操南下征伐刘表时到赤壁战后的疆域，曹魏颇有所得，稳固获得了今湖北大部。所以，赤壁之战并非曹操大败亏输，而是有得有失。

曹操的失败有更加深刻的内在原因。前面列出官渡之战以来曹操兴兵讨伐的年表。连年征战，社会民生衰敝，已经难以为继。诸葛亮称曹操兵临长江是强弩之末。实际上，在社会经济方面也是如此。在此状态下，迟早会遭遇到挫折。曹操乘胜南征的躁进让这一问题更快地浮出水面。然而，曹操也因为赤壁之战的失败，转而正视社会民生问题，此

后两年基本停止军事行动,并在翌年(建安十四年,209 年)颁布政令称:

> 自顷已来,军数征行,或遇疫气,吏士死亡不归,家室怨旷,百姓流离,而仁者岂乐之哉? 不得已也。其令死者家无基业不能自存者,县官勿绝廪,长吏存恤抚循,以称吾意。

承认连年战争对社会造成的破坏和民众的怨气,下令予以抚恤。同时开芍陂屯田,加强生产。第二年(建安十五年,210 年),曹操颁布了著名的《求贤令》向全社会征求贤能,宣布:

> 今天下得无有被褐怀玉而钓于渭滨者乎? 又得无盗嫂受金而未遇无知者乎? 二三子其佐我明扬仄陋,唯才是举,吾得而用之。[①]

从征伐四方转向安邦治国,赤壁之战对于曹魏政权可谓"失之东隅,收之桑榆",军事上的失败换来潜心治国的政治利益,这一仗没有白输。

如前所述,曹操在赤壁屯兵的时候已经开始作两手准备,对孙权的气量一定感铭深刻。在长阪坡溃不成军的刘备,出人意外地受到孙权的礼遇,被待为上宾,结成联盟,孙权颇有容人的胸怀。他寄望于刘备的不只是那点微薄的军力，而是"刘皇叔"的身份，可以同曹操挟持的天子稍相抗衡，凝聚南方的人心，共抗强敌。这已经十分清楚地表明孙刘联盟是曹操促成的，强者的出现迫使分裂的弱者联合起来。那么如果强者退出，本来同床异梦的弱者联盟必将重归分裂，相互争斗。这时候强者可坐收渔翁之利。这一点正是曹操迅速退兵的隐秘图谋。所以，曹操回到都城后提笔给孙权写信，试图离间孙刘关系。就在此时，刘备也到了东吴都城与孙权会谈，各方都从战场转向政治场域继续博弈。曹操听到孙权借荆州给刘备，不由得落笔于地。[②]从这一经过来看，曹操在水军战败时非常明智地撤军，应该是心中已有的预案。谁都希望用一场胜利来谢幕，但是，形势比人强，在不得已的困境下，再不情愿也要善于化被动为主动，给自己找到下来的台阶。赤壁撤军是曹操危机管理下的壮士断腕。如果没有当机立断作出这个决定，曹操可能会遭受更大的失败，甚至像袁绍那样一蹶不振。从赤壁撤军，曹操清醒地给孙刘联盟埋下地雷，迟早会引爆他们的分裂与内斗。

对于曹操的图谋，周瑜毕竟是一员武将，看不透，所以建议孙权把刘备留置东吴都城，同关羽、张飞等隔开，相机收拾掉。鲁肃对北强南弱的形势始终保持清醒认识，建议孙权借荆州给刘备，以维持抗曹联盟。孙权采纳了鲁肃的建议，显然心有共鸣。所以，曹操离间孙权与刘备的企图一时没能得逞。然而，孙权与刘备联盟的结构性矛盾无法避免，有一统天下宏伟志向的刘备，处在东吴的上游，可以顺流而下直击东吴都城,让东吴何以安心? 地缘政治的冲突一目了然。加上刘备至死都没有真正领悟诸葛亮在隆中所论对东吴的战略,亦即可以为援而不可图。如此一来,荆州成为双方反目成仇的引爆点,刘备力量不逮而守不住,孙权不除在背之芒刺则寝食难安,最终吕蒙袭取荆州,斩杀关羽,刘备兴兵来争而大败于夷陵。刘备死后,诸葛亮虽然尽力弥补,也只能维持蜀吴间表面上的和气。嫌隙已成,再也无法诚心合作。南方不能通力合作,则被北方各个击破只是时间问题。曹操的战略盘算最终如愿。

三国时代三场决定历史走向的大战,官渡之战奠定了曹操统一北方的基础,赤壁之战则确定了南北分裂的局面,同时也给孙刘带来地缘政治冲突的隐患,引发蜀吴之间的夷陵之战。曹操预见到这一演变,故北撤之后专心内政,经略北方,夺取汉中,给后嗣留下随时可以出击的态势,静待时变。

赤壁之战的得失,及其后续的天下形势变化,不言而喻。

注释:
① 以上两条史料均出自陈寿撰,裴松之注:《三国志》卷一《魏书一·武帝纪第一》,第 32 页。
② 参见陈寿撰,裴松之注:《三国志》卷五十四《吴书九·周瑜鲁肃吕蒙传第九》,第 1270—1271 页。

附

录

附录一　曹操大事略表

时　　间	年纪	大　　　　事
永寿元年(155)	1 岁	曹操诞生于沛国谯县(今安徽省亳州市),字孟德。父亲曹嵩在东汉官至太尉;祖父曹腾为大宦官,任中常侍、大长秋,封费亭侯。
熹平三年(174)	20 岁	曹操举孝廉,入仕为郎。不久任洛阳北部尉,造五色棒,惩办非法,棒杀宦官小黄门蹇硕的叔父。
光和四年(181)	27 岁	曹操上书为清流高官陈蕃、窦武辩护伸冤。
中平元年(184)	30 岁	曹操攻破颍川黄巾,迁为济南相。到任整肃贵戚贪污,禁断淫祀,惩办奸宄,郡界肃然。
中平五年(188)	34 岁	冀州刺史王芬密谋废灵帝,诛宦官,曹操拒绝参与。八月,朝廷初置西园八校尉,曹操为典军校尉。八校尉皆统于宦官小黄门上军校尉蹇硕。
中平六年(189)	35 岁	大将军何进谋诛宦官,任用袁绍、袁术兄弟,杀蹇硕。何进召董卓等四方郡将进京,欲图铲灭宦官。曹操反对。八月,何进谋泄,反被宦官张让等斩杀于宫中。袁绍领兵入宫杀宦官 2 000 余人,结束宦官专政。董卓进京,袁绍出奔冀州。九月,董卓废少帝,鸩杀何太后,改立九岁的献帝,开始军阀擅政。董卓表曹操为骁骑校尉,曹操不就,易姓东归。过中牟时被亭长所执,旋得释。十二月,曹操至陈留,募兵 5 000 人,起兵反对董卓。

续　表

时　　间	年纪	大　　事
初平元年(190)	36 岁	正月,关东郡县皆起兵反董卓,推渤海太守袁绍为盟主。二月,董卓迁献帝于长安。反董联军畏敌不战,曹操独自西进讨董,败于卞水,伤亡甚众,曹操仅得幸免。袁绍与韩馥谋立幽州牧刘虞为敌,曹操拒之。
初平二年(191)	37 岁	曹操领兵入东郡,击破黑山军。袁绍表曹操为东郡太守。是年,荀彧去袁绍转归曹操,曹操称之为"吾之子房也"。
初平三年(192)	38 岁	曹操大破黑山军、青州黄巾军,收其精锐编为"青州军",成为曹操的基本军事力量。袁绍与曹操联合击败公孙瓒、陶谦、刘备。
初平四年(193)	39 岁	曹操父亲曹嵩避乱于琅琊,被陶谦别将所劫杀。秋,曹操大举进攻陶谦,攻拔十余城,至彭城。
兴平元年(194)	40 岁	二月,曹操因粮草尽而引兵还。四月,曹操复攻陶谦,至琅琊、东海,击刘备于郯东。张邈与陈宫叛曹操,迎吕布为兖州牧。曹操引军自徐州还,与吕布战于濮阳西,兵败。陶谦死,刘备代领徐州牧。
建安元年(196)	42 岁	春,曹操准备迎献帝,献帝拜曹操为建德将军;六月,迁镇东将军,封费亭侯。刘备遭吕布偷袭,投归曹操。曹操表刘备为豫州牧。曹操领兵至洛阳,迎献帝迁都许。献帝以曹操为大将军,封武平侯。以袁绍为太尉,袁绍不受,曹操以大将军让袁绍,自为司空,行车骑将军。自此袁绍与曹操交恶。是年,曹操开始屯田。
建安二年(197)	43 岁	正月,张绣败降,复叛,曹操逃脱,长子曹昂死。曹操收散兵击败张绣,张绣败走穰城,投靠刘表。九月,曹操击败袁术。

续　表

时　　间	年纪	大　　事
建安三年(198)	44岁	曹操进攻张绣于穰城，闻袁绍欲攻许，撤围回师许都。五月，曹操大破刘表、张绣联军。十月曹操进攻吕布，十二月擒杀吕布、陈宫，据有徐州。
建安四年(199)	45岁	三月，袁绍大破公孙瓒，杀之。曹操派遣刘备到徐州防备袁术，刘备至徐州叛变，遣使与袁绍联军。袁绍灭公孙瓒后，大举出兵，拟夺取许都，"官渡之战"拉开大幕。八月，曹操进至黎阳，分兵守官渡。十一月，张绣投降曹操。
建安五年(200)	46岁	八月，袁绍与曹操两军对垒于官渡。十月，曹操袭击乌巢，烧毁袁军辎重，大破袁绍。袁绍仅与八百骑渡河北奔，尽亡其士卒辎重。冀州诸郡多投降曹操。曹操获得"官渡之战"的重大胜利。
建安十二年(207)	53岁	五月，曹操亲征三郡乌丸。八月，登白狼山，大破乌丸，杀蹋顿，胡、汉降附二十余万口。
建安十三年(208)	54岁	正月，曹操还邺，作玄武池，练水军。六月，曹操为丞相。七月，曹操南征刘表。八月，刘表死，刘琮代领其众，长子刘琦奔江南。九月，曹军进至新野，刘琮举荆州投降曹操。曹军在长阪追及刘备，大破之，遂取江陵。十月，刘备与孙权联合谋划共拒曹操。刘备驻军樊口，孙权派遣周瑜率江东兵三万进驻荆州。十一月，曹操自江陵而下，与周瑜军相遇于赤壁。时曹军将士疾疫，初战不利，留驻江北。周瑜火攻焚毁曹军船舰，曹军战败。曹操自华容道北走，周瑜、刘备追至南郡。曹操留曹仁、徐晃守江陵，乐进守襄阳，引军北还。十二月，孙权进攻合肥。刘备表刘琦为荆州刺史，南下据有荆州江南四郡。周瑜屯江北，与曹仁相拒。"赤壁之战"落幕。
建安二十五年(220)	66岁	曹操病死于洛阳。

附录二　曹操诗文选录

让县自明本志令　建安十五年

导读　这篇令文，曹操自述了自己投身政治的成长经历，申明其政治抱负和匡扶天下的情怀。虽然有自我粉饰的成分，却也是理解曹操的重要史料，故列为首篇。

　　孤始举孝廉，年少，自以本非岩穴知名之士，恐为海内人之所见凡愚，欲为一郡守，好作政教以建立名誉，使世士明知之；故在济南，始除残去秽，平心选举，违迕诸常侍。以为强豪所忿，恐致家祸，故以病还。去官之后，年纪尚少，顾视同岁中，年有五十，未名为老，内自图之。从此却去二十年，待天下清，乃与同岁中始举者等耳。故以四时归乡里，于谯东五十里筑精舍，欲秋夏读书，冬春射猎，求底下之地，欲以泥水自蔽，绝宾客往来之望，然不能得如意。后征为都尉，迁典军校尉，意遂更欲为国家讨贼立功，欲望封侯作征西将军，然后题墓道言"汉故征西将军曹侯之墓"，此其志也。而遭值董卓之难，兴举义兵。是时合兵能多得耳，然常自损，不欲多之；所以然者，多兵意盛，与强敌争，倘更为祸始。故汴水之战数千,后还到扬州更募,亦复不过三千人,此其本志有限也。后领兖州,破降黄巾三十万众。又袁术僭号于九江,下皆称臣,名门曰建号门,衣被皆为天子之制,两妇预争为皇后。志计已定,人有劝术使遂即帝位,露布天下,答言"曹公尚在,未可也"。后孤讨禽其四将,获其人众,遂使术穷亡解沮,发病而死。及至袁绍据河北,兵势强盛,孤自度势,实不敌之;但计投死为国,以义灭身,足垂于后。幸而破绍,枭其二子。又刘表自以为宗室,包藏奸心,乍前乍却,以观世事,据有当州,孤复定之,遂平天下。身为宰相,人臣之贵已极,意望已过矣.今孤言此,若为自大,欲人言尽,故无讳耳。设使国家无有孤,不知当几人称帝,几人称王!或者人见孤强盛,又性不信天命之事,恐私心相评,言有不逊之志,妄相忖度,每用耿耿。齐桓、晋文所以垂称至今日者,以其兵势广大,犹能奉事周室也。《论语》云:"三分天下有其二,以服事殷,周之德可谓至德矣。"夫能以大事小也。昔乐毅走赵,赵王欲与之图燕。乐毅伏而垂泣,对曰:"臣事昭王,犹事大王;臣若获戾,放在他国,没世然后已,不忍谋赵之徒隶,况燕后嗣乎!"胡亥之杀蒙恬也,恬曰:"自吾先人及至子孙,积信于秦三世矣;今臣将兵三十余万,其势足以背叛,然自知必死而守义者,不敢辱先人之教以忘先王也。"孤每读此二人书,未尝不怆然流涕也。孤祖父以至孤身,皆当亲重之任,可谓见信者矣,以及子桓兄弟,过于三世矣。孤非徒对诸君说此也,常以语妻妾,皆令深知此意。孤谓之言:"顾我万年之后,汝曹皆当出嫁,欲令传道我心,使它人皆知之。"孤此言皆肝鬲之要也。所以勤勤恳恳叙心腹者，见周公有《金縢》之书以自明，恐人不信之故。然欲孤便尔委捐所典兵众，以还执事，归就武平侯国，实不可也。何者？诚恐己离兵为人所祸也。既为子孙计，又已败则国家倾危，是以不得慕虚名而处实祸，此所不得为也。前朝恩封三子为侯，固辞不受，今更欲受之，非欲复以为荣，欲以为外援为万安计。孤闻介推之避晋封，申胥之逃楚赏，未尝不舍书而叹，有以自省也。奉国威灵，仗钺征伐，推弱以克强，处小而禽大。意之所图，动无违事，心之所虑，何向不济，遂荡平天下，不辱主命。可谓天助汉室，非人力也。然封兼四县，食户三万，何德堪之！江湖未静，不可让位；至于邑土，可得而辞。今上还阳夏、柘、苦三县户二万，但食武平万户，且以分损谤议，少减孤之责也。

诗　歌

蒿 里 行

导读 曹操在政治上崛起于讨伐擅政篡权的董卓。然而各路联军各怀私心，争权夺利，观望不前，战乱更把百姓推入家破人亡的苦难深渊。回顾这段往事，曹操满心悲愤，表露了救国拯民的情怀。

关东有义士，兴兵讨群凶。
初期会盟津，乃心在咸阳。
军合力不齐，踌躇而雁行。
势利使人争，嗣还自相戕。
淮南弟称号，刻玺于北方。
铠甲生虮虱，万姓以死亡。
白骨露于野，千里无鸡鸣。
生民百遗一，念之断人肠！

步出夏门行

导读 建安十二年（207），曹操北征乌桓，胜利班师途中写下这一组乐府诗。当他登上碣石山眺望沧海的时候，豪情勃发，在赞叹日月运行壮观的同时，抒发个人辽阔的胸怀。这一年曹操五十三岁，已经到了"知天命"之年，依然雄心不改，志在千里。《观沧海》描写外在天地，《龟虽寿》抒发内在情怀，内外辉映，宛若双璧。

其二 观沧海

东临碣石，以观沧海。水何澹澹，山岛竦峙。
树木丛生，百草丰茂。秋风萧瑟，洪波涌起。
日月之行，若出其中；星汉灿烂，若出其里。
幸甚至哉！歌以咏志。

其五 龟虽寿

神龟虽寿，犹有竟时；腾蛇乘雾，终为土灰。
老骥伏枥，志在千里；烈士暮年，壮心不已。
盈缩之期，不但在天；养怡之福，可得永年。
幸甚至哉！歌以咏志。

短 歌 行

导读 统一北方之后，曹操心心念念一统江山。然而岁月无情，老之将至。有限的生命与宏大的抱负，无法两全的慷慨悲叹，在酒酣之时似有感悟，国家统一唯在积德徕人。

对酒当歌，人生几何！譬如朝露，去日苦多。
慨当以慷，忧思难忘。何以解忧？唯有杜康。
青青子衿，悠悠我心。但为君故，沉吟至今。
呦呦鹿鸣，食野之苹。我有嘉宾，鼓瑟吹笙。
明明如月，何时可掇？忧从中来，不可断绝。
越陌度阡，枉用相存。契阔谈讌，心念旧恩。
月明星稀，乌鹊南飞。绕树三匝，何枝可依？
山不厌高，海不厌深。周公吐哺，天下归心。

令　文

答袁绍 初平元年

> **导读** 讨伐董卓篡政，是东方联军正义所在。袁绍却图谋另立新帝，以恶除恶，与董卓有何区别？曹操拒绝和袁绍同谋，独自举兵赴难。

　　董卓之罪，暴于四海，吾等合大众，兴义兵，而远近莫不响应，此以义动故也。今幼主微弱，制于奸臣，未有昌邑亡国之衅，而一旦改易，天下其孰安之？诸君北面，我自西向也。

又上书让封 建安元年

> **导读** 建安元年（196），曹操派曹洪西迎汉献帝。献帝拜曹操为镇东将军，袭父爵费亭侯。曹操上表推辞，以示谦让。同时标榜自己乃至祖上三代的功绩，外示忠贞，实存挟天子以令诸侯之心。

　　臣诛除暴逆，克定二州，四方来贡，以为臣之功。萧相国以关中之劳,一门受封;邓禹以河北之勤,连城食邑。考功效实,非臣之勋。臣祖父中常侍侯,时但从辇,扶翼左右,既非首谋,又不奋戟,并受爵封,暨臣三叶。臣闻易豫卦曰:"利建侯行师",有功乃当进立以为诸侯也。又讼卦六三曰:"食旧德,或从王事。"谓先祖有大德,若从王事有功者,子孙乃得食其禄也。伏惟陛下垂乾坤之仁,降云雨之润,远录先臣扶掖之节,采臣在戎犬马之用,优策褒崇,光曜显量,非臣尪顽所能克堪。

置 屯 田 令

导读 东汉末年军阀混战,残虐百姓,导致大饥荒。曹操迎献帝之后,推行屯田,恢复生产,巩固政权。

夫定国之术,在于强兵足食。秦人以急农兼天下,孝武以屯田定西域,此先世之良式也。

请增封荀彧表

导读 建安八年(203)以来,曹操多次上表为荀彧请封赏。这里所录建安十二年(207)表文,详细记述了荀彧在官渡之战过程中料敌先机与临危不惧从容破敌的贡献,可以窥见他当日运筹帷幄之一斑。

　　昔袁绍作逆，连兵官渡，时众寡粮单，图欲还许。尚书令荀彧，深建宜住之便，远恢进讨之略，起发臣心，革易愚虑。坚营固守，徼其军实；遂摧扑大寇，济危以安。绍既破败，臣粮亦尽，将舍河北之规，改就荆南之策。彧复备陈得失，用移臣议，故得反旆冀土，克平四州。向使臣退军官渡，绍必鼓行而前，敌人怀利以自百，臣众怯沮以丧气，有必败之形，无一捷之势。复若南征刘表，委弃兖、豫，饥军深入，逾越江沔，利既难要，将失本据。而彧建二策，以亡为存，以祸为福，谋殊功异，臣所不及。是故先帝贵指踪之功，薄搏获之赏；古人尚帷幄之规，下攻拔之力。原其绩效，足享高爵，而海内未喻其状，所受不侔其功，臣诚惜之。乞重平议，增畴户邑。

上言破袁绍 建安五年十月

导读 建安五年（200），曹操取得官渡之战的胜利，上书向汉献帝报捷，揭露袁绍图谋篡逆的阴谋，树立自己匡扶朝廷的形象。

　　大将军邺侯袁绍，前与冀州牧韩馥，立故大司马刘虞，刻作金玺，遣故任长毕瑜诣虞，为说命禄之数。又绍与臣书云："可都鄄城，当有所立。"擅铸金银印，孝廉计吏，皆往诣绍。从弟济阴太守叙与绍书云："今海内丧败，天意实在我家，神应有征，当在尊兄。南兄，臣下欲使即位，南兄言，以年则北兄长,以位则北兄重。便欲送玺,会曹操断道。"绍宗族累世受国重恩,而凶逆无道,乃至于此。辄勒兵马,与战官渡。乘圣朝之威,得斩绍大将淳于琼等八人首,遂大破溃。绍与子谭轻身逃走,凡斩首七万余级,辎重财物巨亿。

加枣祗子处中封爵并祀祗令 建安六年

导读 成功推行屯田是曹魏政权得以稳固的根本性举措。枣祗在谋划屯田及其运营上力排众议,反复陈说曹操,遂得成功。此件令文是实行屯田制的重要史料。

故陈留太守枣祗,天性忠能。始共举义兵,周旋征讨。后袁绍在冀州,亦贪祗,欲得之。祗深附托于孤,使领东阿令。吕布之乱,兖州皆叛,惟范、东阿完在,由祗以兵据城之力也。后大军粮乏,得东阿以继,祗之功也。及破黄巾定许,得贼资业,当兴立屯田,时议者皆言当计牛输谷,佃科以定。施行后,祗白以为僦牛输谷,大收不增谷,有水旱灾除,大不便。反覆来说,孤犹以为当如故,大收不可复改易。祗犹执之,孤不知所从,使与荀令君议之。时故军祭酒侯声云:"科取官牛,为官田计。如祗议,于官便,于客不便。"声怀此云云,以疑令君。祗犹自信,据计画还白,执分田之术。孤乃然之,使为屯田都尉,施设田业。其时岁则大收,后遂因此大田,丰足军用,摧灭群逆,克定天下,以隆王室,祗兴其功。不幸早没，追赠以郡，犹未副之。今重思之。祇宜受封，稽留至今，孤之过也。祇子处中，宜加封爵，以祀祇为不朽之事。

军谯令 建安七年

导读 这件抚恤阵亡将士、优待其家属的令文，有助于了解曹操如何获得人心，培育军力，有别于其他军阀而迅速崛起的一方面原因。

吾起义后，为天下除暴乱。旧土人民，死丧略尽，国中终日行，不见所识，使吾凄怆伤怀。其举义兵以来，将士绝无后者，求其亲戚以后之，授土田，官给耕牛，置学师以教之。为存者立庙，使祀其先人。魂而有灵，吾百年之后何恨哉！

修学令 建安八年

导读 在崇尚暴力的动乱年代，曹操重建学校，培育文化，此过人之举奠定了曹魏政权的优势。

丧乱以来，十有五年，后生者不见仁义礼让之风，吾甚伤之。其令郡国各修文学，县满五百户置校官，选其乡之俊造而教学之，庶几先王之道不废，而有以益于天下。

论吏士行能令 建安八年

导读 此令申明曹操依据能力和功绩选拔用人的原则。

议者或以军吏虽有功能,德行不足堪任郡国之选,所谓"可与适道,未可与权。"管仲曰:"使贤者食于能则上尊,斗士食于功则卒轻于死,二者设于国则天下治。"未闻无能之人,不斗之士,并受禄赏,而可以立功兴国者也。故明君不官无功之臣,不赏不战之士;治平尚德行,有事赏功能。论者之言,一似管窥虎欤!

与 孙 权 书

导读 曹操南下赤壁,作书予孙权,志得意满。赤壁战败,他再次写信给孙权,说明疫病流行而退师的原因。

(一)

近者奉辞伐罪,旄麾南指,刘琮束手。今治水军八十万众,方与将军会猎于吴。

(二)

赤壁之役,值有疾病,孤烧船自退,横使周瑜虚获此名。

求贤令 建安十五年

导读 曹操主政期间多次下令招揽人才。令文重申反道德的"唯才是举"用人思想与组织原则。

自古受命及中兴之君，曷尝不得贤人君子与之共治天下者乎！及其得贤也，曾不出闾巷，岂幸相遇哉？上之人不求之耳。今天下尚未定，此特求贤之急时也。"孟公绰为赵、魏老则优，不可以为滕、薛大夫。"若必廉士而后可用，则齐桓其何以霸世！今天下得无有被褐怀玉而钓于渭滨者乎？又得无有盗嫂受金而未遇无知者乎？二三子其佐我明扬仄陋，唯才是举，吾得而用之。

举贤勿拘品行令 建安二十二年

导读 这篇令文进一步强调选拔道德有污却能办事的用人路线。

昔伊挚、傅说出于贱人，管仲，桓公贼也，皆用之以兴。萧何、曹参，县吏也；韩信、陈平负污辱之名，有见笑之耻，卒能成就王业，声着千载。吴起贪将，杀妻自信，散金求官，母死不归，然在魏，秦人不敢东向，在楚则三晋不敢南谋。今天下得无有至德之人放在民间、及果勇不顾、临敌力战；若文俗之吏，高才异质，或堪为将守；负污辱之名、见笑之行，或不仁不孝，而有治国用兵之术：其各举所知，勿有所遗。

注　疏

《孙子兵法》注

导读 曹操善于用兵,对军事理论经典著作《孙子兵法》深有体悟。这里选取他所作的《孙子兵法注》数则,表现了他的军事思想和指挥才能。

计　篇

曹公曰:计者,选将量敌,度地料卒,远近险易,计于庙堂也。

作 战 篇

曹公曰:欲战必先算其费,务因粮于敌也。

故兵贵胜,不贵久。

曹公曰:久则不利。兵犹火也,不戢将自焚也。

谋 攻 篇

曹公曰:欲攻敌,必先谋。

下政攻城;

曹公曰:敌国以收其外粮,城以攻之,为下政也。

故用兵之法，十则围之，

曹公曰：以十敌一则围之，是将智勇等而兵利钝均也。若主弱客强，不用十也，操所以倍兵围下邳生擒吕布也。

五则攻之，

曹公曰：以五敌一，则三术为正，二术为奇。

倍则分之，

曹公曰：以二敌一，则一术为正，一术为奇。

敌则能战之，

曹公曰：己与敌人众等，善者犹当设伏奇以胜之。

少则能逃之，

曹公曰：高壁坚垒，勿与战也。

不若则能避之。

曹公曰：引兵避之也。

故小敌之坚，大敌之擒也。

曹公曰：小不能当大也。

形 篇

曹公曰：军之形也。我动彼应，两敌相察情也。

善用兵者，修道而保法，故能为胜败之政。

曹公曰：善用兵者，先自修治为不可胜之道，保法度不失敌之败乱也。

势 篇

凡战者，以正合，以奇胜。

曹公曰：正者当敌，奇兵从傍击不备也。

予之敌必取之，

曹公曰：以利诱敌，敌远离其垒，而以便势击其空虚孤特也。

九　变　篇

曹公曰：变其正，得其所用九也。

涂有所不由，

曹公曰：隘难之地，所不当从，不得已从之，故为变。

军有所不击，

曹公曰：军虽可击，以地险难久，留之失前利，若得之则利薄，困穷之兵，必死战也。

城有所不攻，

曹公曰：城小而固，粮饶，不可攻也。操所以置华、费而深入徐州，得十四县也。

地有所不争，

曹公曰：小利之地，方争得而失之，则不争也。

君命有所不受。

曹公曰：苟便于事，不拘于君命也，故曰：不从中御。

地　形　篇

曹公曰：欲战，审地形以立胜也。

后　记

　　2018 年，北京琳琅智库请我录制三国历史的节目，我们在录音棚里畅聊曹操、孙权和刘备三个人的三条崛起之路。一个人的事业与其学识、眼光、魄力和胸怀成正相关的关系，三国就是很好的例证。音频节目上网后，听者甚众。2022年，足不出户，心幽陋室，亲人朋友纷赴异界他国，黯然惶恐之际，中华书局贾雪飞女史收听了我的音频节目，颇为欣赏曹操在重大历史关头的定力和冷静，建议我整理出书，惠予出版。

　　这个邀请让十分低落的我有事可做，遂寻清静旧地，开始重阅书稿，心神逐渐聚拢起来，细览史籍，梳理脉络，撰写篇章，走出幽闭。旧稿讲述曹操在官渡之战，面临强敌摧压的存亡关头，集思广益，用冷静凝炼智慧，沉着应对骄狂的袁绍，以弱胜强。官渡之战跌宕起伏，已成经典，品味细节，仍有发现。本次根据音频稿整理，改写文字，增加了"赤壁之战"一章。曾经在官渡之战十分冷静的曹操，当运势转变而成为优势强者的时候，也失去了往日的清醒而骄傲自矜，小觑对手，轻取宿敌后高歌躁进，梦想着指日扫平江南。优越的地位、巨大的权力，能够迅速改变一个人，让冷静者失心张狂，吹嘘舞蹈奔上悬崖。看到这个变化，不能不让人惊惧惕厉。幸运的是曹操在赤壁初战失利，猛然醒悟。成功与失败之路皆非一马平川，磕碰踉跄都有点醒之功，执迷不悟者一路到黑，心智未泯者幡然觉悟，回头是岸。曹操在大错行将成形之前进行危机管理，败而不乱，顺势撤退时给对手暗埋隐患。官渡之战中冷静的曹操，与南征荆州时骄傲的曹操，同一个人竟有迥然不同的表现，相映成趣。增加"赤壁之战"一章让曹操的形象更加丰满而真实，帮助读者从多个视角看得更加清楚，也更加客观公正。从冷静到骄傲是人性，从轻狂回归清醒是智慧。人孰无过，可以冲动一时，却不可执拗一世。

世事无常，皆是历练。如何对待，全凭悟性。历史积淀如此深厚，给后人无尽的启发，精妙绝伦。万古江河，愿得一掬，与君共赏。这本小书凝聚我一段生命的历程，陪我挣扎与跋涉，用智慧的烛光引导我前行。

2023 年 1 月 9 日 于悟证堂一掬书房